**마흔 살 미야의
독서툰**

마흔 살 미아의 독서툰

초판 1쇄 인쇄 2025년 8월 29일
초판 1쇄 발행 2025년 9월 19일

지은이 연은미
펴낸이 이범상
펴낸곳 (주)비전비엔피·애플북스

책임편집 한윤지
기획편집 차재호 김승희 김혜경 박성아
디자인 김혜림 이민선 인주영
마케팅 이성호 이병준 문세희 이유빈
전자책 김희정 안상희 김낙기
관리 이다정
인쇄 새한문화사

주소 우) 04034 서울특별시 마포구 잔다리로7길 12 (서교동)
전화 02) 338-2411 | **팩스** 02) 338-2413
홈페이지 www.visionbp.co.kr
인스타그램 www.instagram.com/visionbnp
이메일 visioncorea@naver.com
원고투고 editor@visionbp.co.kr

등록번호 제313-2007-000012호

ISBN 979-11-994411-0-1 03810

·값은 뒤표지에 있습니다.
·잘못된 책은 구입하신 서점에서 바꿔드립니다.

마흔 살 미야의 독서툰

다시 '나'를 시작하시겠습니까?

연은미 글 그림

애플북스

차례

1부 | 마흔, 나다운 삶을 찾아야 할 때

소개툰: 저는 주부입니다 • 011
나도 몰랐던 내 성격을 발견하는 재미 -홀웬 니콜라스 《사람들은 왜 성격 테스트를 할까?》 • 019
그럭저럭 괜찮은 엄마로 살아도 돼 -송희재 《나는 예민한 엄마입니다》 • 026
건강한 관계를 위한 강력 처방전 -썸머 《당신은 지나치게 애쓰고 있어요》 • 033
당신은 어떤 안경을 쓰고 있나요? -기시미 이치로·고가 후미타케 《미움받을 용기》 • 040
나의 룸메이트를 고발합니다 -마이클 싱어 《상처받지 않는 영혼》 • 047

2부 | 건강은 행복한 삶을 지탱하는 힘

소개툰: 마흔 생일에 찾아간 곳은 • 057
성공하고 싶다면 기초 체력부터 -유영만·김예림 《부자의 1원칙, 몸에 투자하라》 • 065
나와 내 자식을 살린 아침 운동 -이영미 《마녀체력》 • 072
긴 호흡으로 사는 법 -무라카미 하루키 《달리기를 말할 때 내가 하고 싶은 이야기》 • 080
건강하고 온화한 발소리 -수지 크립스 《걷기의 즐거움》 • 087

3부 | 내가 먹는 것이 바로 나

소개툰: 우리 마누라는 120살까지 살 거야 • 097
황금의 90분을 아시나요? -니시노 세이지 《왜 못 잘까》 • 105
건강한 삶을 위한 충실한 조언 -하비 다이아몬드 《다이어트 불변의 법칙》 • 112

4부 | 독서는 나를 키우는 비옥한 토양

소개툰: 살살 독서 워밍업! 마인드부터 바꾸자! • 123
아주 사소한 성공 치트키는? -제임스 클리어 《아주 작은 습관의 힘》 • 131
나는 내 인생의 버스 드라이버야 -존 고든 《에너지 버스》 • 139
삶을 대하는 기본적인 자세를 배우고 싶다면 -손웅정 《모든 것은 기본에서 시작한다》 • 147
시작의 두려움 날려 버리기 -개리 비숍 《시작의 기술》 • 154

5부 | 철학은 삶에 던지는 작은 돌멩이

소개툰: 철학은 일상에서 시작된다 • 165
인생의 연금술을 찾아서 -파울로 코엘료 《연금술사》 • 172
새로운 춤을, 나다운 리듬으로 -김지수 《이어령의 마지막 수업》 • 180
절망 속에서도 희망은 피어난다 -빅터 프랭클 《죽음의 수용소에서》 • 187
꼬부랑 할머니가 되어도 하고 싶은 것들 -파스칼 브뤼크네르 《아직 오지 않은 날들을 위하여》 • 195

6부 | 정신적, 경제적 독립을 시작하자

소개툰: 경제적 독립을 시작하자! • 205
성공하고 싶다면 음식을 절제하라 -미즈노 남보쿠 《절제의 성공학》 • 213
내 아이에게 전해 주고 싶은 돈 이야기 -박소연 《딸아, 돈 공부 절대 미루지 마라》 • 220

7부 | 더 단단한 내가 되기 위한 글쓰기

소개툰: 독서와 쓰기는 성장의 환상 짝꿍 • 229

의지는 쓰레기통에, 중요한 건 시스템이야 -김민식《매일 아침 써봤니?》• 236

구경꾼이 아닌 생산자 되기 -고미숙《읽고 쓴다는 것, 그 거룩함과 통쾌함에 대하여》
• 243

노트를 키우면 생각도 커진다 -김익한《거인의 노트》• 251

8부 | 일상 속 반짝임 발견하기

소개툰: 파랑새는 내 안에 있다 • 261

사랑은 나에게서 시작된다 -오프라 윈프리《내가 확실히 아는 것들》• 269

어린아이의 눈으로 세상 바라보기 -포리스트 카터《내 영혼이 따뜻했던 날들》
• 277

늦복의 씨앗을 심어요 -박덕성 구술, 이은영 글, 김용택 엮음《나는 참 늦복 터졌다》
• 285

빛과 그림자, 함께 춤추는 삶 -레오 버스카글리아《살며 사랑하며 배우며》• 292

비워야 새로운 기운이 들어와요 -곤도 마리에《인생이 빛나는 정리의 마법》• 299

1부

마흔,
나다운 삶을
찾아야 할 때

소개툰

곧 마흔을 앞두고 있었다.

프롤로그

저는 주부입니다

나는 펜촉에 잉크를 찍어 만화를 그리던 아날로그 세대다. 20대에는 만화가로, 30대에는 전업주부로 살았다. 그리고 40대가 되어서야 다시 그림 세계로 돌아왔다. 그런데 10년이란 시간이 강산을 바꾸어 놓았다. 만화계는 아날로그에서 디지털로 바뀌었고, 출판 만화 대신 거대한 웹툰 시장이 열렸다. 젊고 실력 있는 작가들이 넘쳐나는 이 세계에서 나는 디지털 드로잉 툴조차 제대로 다룰 줄 몰랐다.

집 안 한구석에는 아이들과 함께 쓰는 오래된 컴퓨터가 덩그러니 놓여 있었다. 책상도 없고, 온전한 내 공간도 없다. 가족 안에 엄마 역할만 남은 영락없는 주부의 모습이다.

엄마도 독립이 필요하다

어른이 되니 책임질 일이 많다. 나이가 들수록 역할이

많아진다. 하고 싶은 일보다 해야 할 일을 도장 깨기를 하듯 살아 낸다. 내 눈과 귀는 오랫동안 가족을 향해 열려 있었다. 그런데 영원히 어릴 것 같은 아이들이 자랐다. 두 아이가 점점 엄마 손을 덜 타기 시작하자 가슴에 미세한 구멍이 생겼다. 구멍 사이로 헛헛한 바람이 불어왔다. 바람은 작지만, 꾸준히 속삭였다.

"다시 찾기 시작한 네 시간을 무엇으로 채울 거야? 앞으로 무엇을 하며 살면 행복하니?"

인생 방향을 결정하는 중요한 질문에 대한 답을 단번에 찾을 수 있겠냐마는, 한 가지는 확실하다. 마흔 이후 인생 후반전을 주부로만, 남편과 자식 뒷모습만 바라보며 살고 싶지는 않다. 각자도생! 육아의 목적은 독립이 아닌가. 아이뿐 아니라 부모인 나도 아이에게서 독립해서 각자 인생을 동반자로서 잘, 아주 자알 살아가고 싶다.

마흔, 제2의 사춘기

알밤 양이 사춘기에 접어들었다. 귀엽고 발랄했던 꼬꼬마는 사라지고, 사소한 말 한마디에도 고슴도치처럼 가시를 세운다. 사춘기는 부모로부터 듣고 보고 배운 것들을 하나씩 뒤집어 보면서, 자신만의 시각으로 세상을 재정립하는 중요한 시기라고 한다.

그렇다면 사춘기는 한 번 오고 끝나는 걸까? 절대 아니다. 살다 보면, 감정이 널뛰는 시기가 또 찾아온다. 내게는 마흔이 바로 그랬다. 풋풋했던 20대는 지나가고, 30대의 숨 가쁜 육아도 어느 정도 정리된 시점. 달고, 쓰고, 짠 인생을 조금은 맛본 나이. 그리고 본격적인 인생 2막이 시작되는 나이.

이제는 내가 어디쯤 서 있는지, 내 배의 항로가 어디로 향하고 있는지 점검할 때인 것 같다. 주위 눈치를 보며 걸어온 길이 아니라, 내 안에서 답을 찾아가는 길로.

내가 나를 모르는데, 넌들 나를 알겠느냐

김국환의 노래 〈타타타〉 가사처럼, 우리는 종종 '나는 나를 잘 알고 있다'고 착각한다. 하지만 살면서 나 자신을 제대로 탐구해 본 적이 얼마나 있을까? 내가 진짜 원하는 것이 무엇인지, 내 마음이 어디를 향하고 있는지 찾아볼 시간도 여력도 없이 바쁜 일상에 몸을 맡기며 살았다면 이제는 나만의 나침반을 찾아야 할 때다.

처음에는 초급반부터 시작해도 괜찮다. 내가 좋아하는 것, 싫어하는 것, 선호하는 색깔, 취미 같은 사소한 것부터 찾아보자. 그리고 조금 더 깊이 들어가 내면을 탐색해 보자. 내면의 목소리에 귀를 기울이면 세상이 정해놓은 속도에 휘둘리지 않는다. 숨 가쁘게 흘러가는 삶 속에서도 나만의 길을 찾아서 내 속도로 나아갈 수 있다.

그러니 잠시 멈춰도 괜찮다. 마흔, 이제는 나를 위한 삶을 찾아야 할 때다.

내향형과 외향형은 조용한가, 활발한가의 문제가 아니라
'어디에서 에너지를 얻는 것을 선호하는가'의 문제다.

나도 몰랐던
내 성격을 발견하는 재미

《사람들은 왜 성격 테스트를 할까?》 훌웬 니콜라스 지음, 이영래 옮김 / 북드림

심리 테스트를 좋아하는 사람 여기 붙어라!

고등학교 때 친구들과 100문 100답을 주고받으며 놀던 기억이 난다. 좋아하는 것, 싫어하는 것, 특기, 취향 등 시시콜콜한 질문에 깨알같이 답을 적고 교환했는데, 답을 적다 보면 미처 생각지 못했던 나를 발견하기도 했다.

한때 우리나라에 MBTI 열풍이 불었다. 관심이 없던 나도 재미 삼아 테스트했다. 신기하게도 같은 유형을 가진 사람을 만나면 급 친밀도가 생기고, 대화의 물꼬가 트였다. "나만 그런 줄 알았는데, 아니구나." 하는 안도감과 소속감도 느껴졌다.

사람들은 왜 성격을 분석하고 나누는 것을 좋아할까? 궁금해서 《사람들은 왜 성격 테스트를 할까?》을 읽어봤다. 결론부터 말하자면, 나를 탐색하는 워밍업으로 딱 좋은 책!

나를 아는 것이 힘이다

"넌 어떤 일을 할 때 즐겁고, 어떤 상황에서 지쳐?"라고 물으면 의외로 대답하기 어렵다. 그래도 내 성향을 알면 내게 맞는 일을 찾을 수 있고, 불필요한 소모를 줄일 수 있다. 엄한 곳에서 힘겹게 시간을 낭비하는 대신, 나에게 맞는 방향으로 나아갈 수 있다.

《사람들은 왜 성격 테스트를 할까?》에는 25가지 심리 테스트가 실려 있다. 나는 내향적일까, 외향적일까? 즉흥적인가, 계획적인가? 갈등을 어떻게 해결하는 사람일까? 나는 과민한가, 안정적인가? 등 다양한 성격 테스트를 하다 보면 예상했던 결과가 나오기도 하고, 의외의 면을 발견하기도 한다.

성격이 타고나는 것이 아니라고?

나는 그동안 성격은 타고난 것이고 변하지 않는다고 생각했는데 심리학자 카를 융은 성격도 성장하고 변화할 수 있다고 한다. 예를 들어, 원래 오른손잡이였던 사람이 오른손을 다쳐 왼손을 사용해야 할 때, 처음에는 힘들어도 시간이 지나면서 왼손도 능숙하게 사용할 수 있게 된다. 성격은 일생 동안 발달하는 선호이고, 유동적이고 역동적으로 변화할 수 있다고 한다. 이거야말로 희망적인 메시지 아닌가! 성격이 유연하게 발달할 수 있다면, 내 성향을 보다 잘 파악해서 단점 또한 더 나은 나로 성장하기 위한 길잡이로 삼을 수 있겠다.

- ☑ 나 자신을 더 알고 싶다.
- ☑ 내 성격의 강점과 가능성을 발견하고 싶다.
- ☑ 특정 부류의 사람과 자꾸 삐거덕거리는 이유가 궁금하다.

이런 생각을 해본 적이 있다면, 이 책을 추천한다. 무엇보다 재미있다! 그러니까, 엄마, 아내, 딸로서의 나 말고, 있는 그대로의 '나'를 즐겁게 탐색해 보자.

자, 이제 닻을 올리자. 미지의 나를 찾아 항해 출발이다!

육아서를 수십 권 읽고 육아 강연을 찾아다니며
배운 대로 애쓰고 자극을 주고 계획적인 하루를 만들려다
아이도 나도 힘들었던 날들이 떠올랐다.

아이마다 타고나는 기질이 다르기에
내 아이의 눈빛과 감정을 따라가야 한다.

육아의 정답은
책도, 전문가도 아닌 바로 내 아이다.

행복의 비결 하나
HERE AND NOW!
여기, 바로 지금의
즐거움 찾기

행복 비결 둘
아이를 올바르게
사랑하기 위해
공부하고 배운 것을
내게 적용하기

내가 내 편이 되어주기

사랑하는 아이 대하듯
사랑하는 친구 대하듯

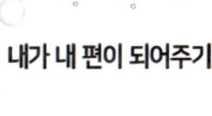
꼬옥

사랑하는 반려동물 대하듯
나에게 다정하게 대하기

그렇게 너와 나를 있는 그대로 사랑하기

그럭저럭 괜찮은 엄마로 살아도 돼

《나는 예민한 엄마입니다》 송희재 / 북드림

육아서, 나를 돌아보게 하다

가끔 책을 읽으러 동네 카페에 간다. 커다란 통유리 창문 앞에 앉아 커피를 마시며 책을 읽는 시간이 좋다. 오랜만에 육아서 《나는 예민한 엄마입니다》를 읽었다. 책을 읽다가 울컥하면서 눈물이 났다. 책을 읽는 내내 아이들 키울 때 힘이 잔뜩 들어가고 날이 서 있던 내 모습이 떠올랐다.

첫 아이를 낳고 미친 듯이 육아서를 찾아 읽으며, 책에 나온 대로 해내야만 좋은 엄마가 될 거라 믿었다. 한글을 32개월에 읽기 시작한 첫째에게 한글 쓰기 학습지를 시키고, 영어도 미리 시작해야 한다며 스케줄을 맞추고, 시간을 관리하면서 아이에게 스트레스를 줬다.

사실 육아서에서 그렇게 하라고 한 것도 아니었다. 아이를 잘 키우고 싶은 마음이 불안과 욕심으로 뒤섞여 과열

된 것은 나였다. 그런데 초등학교에 들어간 첫째는 점점 날카롭고 예민해졌고, 무기력한 모습을 보이기 시작했다. 내가 아이를 망친 것 같아 괴로웠다. 남편도 모르게, 아무도 모르게, 마음의 블랙홀 속에서 남몰래 울던 시간들.

이 책을 조금 더 일찍 읽었더라면, 잘 키우려고 애쓰는 대신 그냥 아이를 있는 그대로 바라보며 사랑할 수 있지 않았을까. 그리고 "그럭저럭 괜찮은 엄마" 정도로 충분하다고 스스로를 다독일 수 있지 않았을까.

아이의 비빌 언덕이 되자

아이에게 부모는 기댈 언덕, 비빌 언덕이다. 쓰라린 시간을 통과한 후 나는 욕심을 내려놓기로 했다. 더 이상 아이를 가르치는 교사가 아니라, 그저 옆에 있어 주는 엄마가 되기로 했다. 신기하게도 욕심과 불안을 내려놓으니, 아이의 작은 행동 하나도 진심으로 고맙고 감사하게 느껴지기 시작했다.

몇 년이 지나고, 아이들은 사춘기에 접어들었다. 아들은 초등학교 때보다 훨씬 밝아졌고, 사랑 표현도 잘하고 가족 간의 스킨십도 많아졌다. 그러고 보니, 잔소리를 안 한 지 꽤 된 것 같다.

저자는 육아가 힘들 때 아이가 없으면 하고 싶은 것들

을 떠올렸다고 했다. 영화 보기, 맛집 가기, 여행 가기, 친구 만나기. 고작 그런 사소한 것들 말이다. ==나는 이제 그렇게나 바랐던 사소한 것을 다시 할 수 있는 시간에 있다.== 그리고 불쑥 커버린 사춘기 남매가 내 옆에 있는 지금, 그때의 나에게 말해 주고 싶다.

"너무 애쓰지 마. 그 시간 금방 가. 다시 못 올 시간이야. 많이 보고 안고 사랑해 줘."

HERE AND NOW, 지금을 소중히

'자식은 다섯 살까지 평생 할 효도를 다 한다'는 말이 있다. 이제 그 말이 무슨 뜻인지 알겠다.

그때의 아이들은 참으로 반짝였다. 에너지가 넘치는 몸, 호기심이 가득한 눈빛, 사소한 일에도 까르르 웃으며 순식간에 공기를 바꾸는 순수함은 다시는 볼 수 없는 가슴 시리도록 찬란한 선물이었다.

==행복의 비결은 결국 눈앞에 주어진 것을 온전히 즐기는 거다.== 목표를 향해 달려가기만 하면, 이 순간을 놓쳐버린다. 육아도 인생도 결국은 현재를 살아가는 거니까.

이제 나는 HERE AND NOW, 지금을 소중히 여기고 아이들과의 하루하루를 온전히 느끼며, 그럭저럭 괜찮은 엄마로 살아가기로 한다. 그거면 충분하다.

건강한 관계를 위한
강력 처방전

《당신은 지나치게 애쓰고 있어요》 썸머 / 북드림

나는 왜 이렇게 애쓰며 살았을까?

지인들과 속내를 나누다 보면 부모로부터 받은 상처를 안고 사는 사람들이 많다. 환경은 모두 다르고 물론 어떤 부모도 완벽할 수는 없다. 내가 아이를 낳고 키우다 보니 부모도 미숙하고 모르는 거 투성이라 마음과 달리 상처를 주게 된다. 그런데 유독 자식에게 큰 상처를 주는 부모도 있다. 자식에게 심하게 의지하는 부모. 사고를 치고, 빚을 지고 자식이 해결하는 게 당연하다고 여기는 부모. 칭찬에는 인색하면서 자식이 잘 되면 질투하는 부모 등. 보기만 해도 예쁘고 사랑스러운데 어떻게 부모가 그럴 수 있을까? 부모라고 해서 모두 자식을 사랑하는 건 아닌가? 도무지 이해가 안 되는 부모가 분명히 있다.

《당신은 지나치게 애쓰고 있어요》는 관계 속에서 우리

가 어떻게 상처받고, 왜 그렇게 애쓰며 살아가는지를 파헤친다. 그리고 그 핵심에는 '코디펜던트'(자기희생적 성향의 사람)와 '나르시시스트'(자기중심적 성향의 사람)라는 두 가지 유형이 있다.

건강한 관계를 위해 경계선 지키기

코디펜던트는 자신의 욕구를 뒤로하고 남을 위해 과도하게 애쓰는 사람이다. 장남, 장녀 콤플렉스, 착한 아이 증후군, 평강공주 콤플렉스도 코디펜던트에 해당한다. 반면 나르시시스트는 자기 자신을 과대포장하고, 다른 사람을 이용하려는 성향을 보인다. 이들에게는 남의 희생이 당연하다. 그런 이들과 가까이 있다 보면 코디펜던트는 점점 더 지친다.

나도 착한 아이 콤플렉스가 있었다. 어릴 때부터 착하다는 말을 많이 들었다. 그 말이 듣기 싫었지만 남의 눈치를 보며 착한 아이가 되려고 했던 내면에는 남들이 원하는 대로 행동하지 않으면 사랑받지 못할 것 같은 불안함이 있었다.

만약 내 부모가 나르시시스트라면 나만 참고 희생해서는 악순환이 끝나지 않는다. 내 감정과 부모 감정을 분리하고 거리를 떨어뜨려야 한다. 타인과 경계를 잘 긋지 못하고 자신을 희생하면서 책임감으로 가족을 돌보고 있다면 이제는 나를 지키는 법을 배워야 한다고 저자는 말한다. 부모 자식뿐 아니라 건강한 관계를 위해서는 누구든 '경계선'이 필요하다. 부모, 가족, 친구, 사회의 기대에 맞추는 것이 아니라, 나로서 중심을 잡고 내 마음부터 돌봐야 한다.

내 아이에게 주고 싶은 유산

우리는 엄마라는 이름으로 수많은 역할을 해내며 살고 있다. 하루에도 몇 번씩 아이의 이름을 부르며 챙기고, 가정의 균형을 맞추려 노력한다. 하지만 그 과정에서 정작 '나'를 잊어버릴 때가 많다. 아이를 위해 희생하는 것이 미덕이라고 생각했다면, 이제는 아이가 건강한 엄마를 보며 배우게 하자. 나를 돌보는 모습을 보여주는 것, 그것이 아이에게 줄 수 있는 최고의 가르침이 아닐까.

한 번뿐인 인생, 모든 것을 자식에게만 쏟기보다 나 자신의 삶도 지켜가며 살아가고 싶다. 그러면 언젠가, 내 아이가 이렇게 말할지도 모른다.

"엄마, 엄마처럼 살고 싶어!"

그 말이 아이들에게도, 나에게도 가장 멋진 유산이 되기를 바란다.

당신은 어떤 안경을 쓰고 있나요?

《미움받을 용기》 기시미 이치로, 고가 후미타케 지음, 전경아 옮김, 김정운 감수 / 인플루엔셜

현재를 살지 않으면 불행하다

《미움받을 용기》에는 프로이트의 인과론과 아들러의 목적론이 나온다. 프로이트의 인과론은 인간의 과거, 현재, 미래가 직선으로 연결된다는 트라우마 이론이다. 과거에 있었던 사건이 현재를 결정하고, 현재가 미래로 이어진다는 논리다. 나는 꽤 오래 이 생각에 갇혀 살았다.

"내가 이렇게 힘든 건 다 과거 때문이야. 어릴 때 환경이 안 좋았으니까, 어쩔 수 없지 뭐."

과거에 묶여 억울해하고, 분노하고, 괴로워했다. '오늘'이라는 시간은 그저 미래 목표를 달성하기 위한 과정일 뿐이고, 무언가를 이루어야만 행복해질 거라 믿었다. 목표를 향해 가는 과정이 점점 초조하고 지쳤다. 행복은 늘 저 멀리 있었고, 일상은 무덤덤해졌다.

과거는 중요하지 않다. 중요한 건 지금이다!

아들러는 인간은 '과거가 아니라 앞으로 나아가기 위해 스스로 정한 목적을 향해 움직이는 존재'라고 말한다. 과거에 어떤 일이 있었든, 그것이 앞으로의 인생을 결정짓지 않는다는 것이다. 중요한 건 지금, 이 순간, '내가 어떤 선택을 하느냐'이다.

아들러의 목적론은 내게 매우 신선하고 매력적으로 다가왔다. 선택의 결정권이 나에게 있다니! 유년의 상처가 있는 사람에게 트라우마 이론은 출발선부터 기운 빠지게 한다. 치유를 위해 수많은 시간과 에너지를 써도 상처는 깔끔하게 낫지 않는다. 그런데 아들러의 목적론은 집요하게 들러붙는 과거의 상처로부터 나를 해방시킨다.

《미움받을 용기》에서 이 개념을 안경으로 설명한다. 우리 앞에는 수많은 안경이 있고, 어떤 안경을 쓰느냐에 따라 우리의 세상이 결정된다. 같은 영화를 봐도, 같은 경험을 해도 기억하는 것이 모두 다르다. 과거를 핑계 삼아 무기력하게 살 것인지, 지금 이 순간을 새롭게 만들어갈 것인지 내가 선택할 수 있다.

지금 이 순간에 스포이라트를 비추라

현재에 머무르는 가장 쉬운 방법은 호흡에 집중하는

거라고 한다. 숨을 들이마시고 내쉬면서, 지금 '여기'에 있다는 걸 느껴 보는 것이다. 과거도 미래도 결국은 머릿속에만 존재하는 생각일 뿐, 우리가 실제로 만날 수 있는 시간은 오직 지금, 이 순간뿐이니까.

=='지금'에 집중하면 평범했던 일상이 찬란해진다.== 시멘트 바닥 틈을 뚫고 피어난 조그만 민들레, 붉은 잉크를 흘린 듯 하늘을 물들이는 저녁노을. 이전에는 스쳐 지나갔던 순간이 놀랍도록 경이롭게 다가온다.

현재에 스포트라이트를 비추고 지금, 여기를 진지하게 산다면 그 찰나는 늘 완결된 거라고, 그 자체가 춤이라고 저자는 말한다. 인생이란 점의 연속이며, 찰나의 연속이라는 말을 되새기며 오늘을 여행자의 눈으로 바라보고 생생하게 느끼면서 살아가고 싶다.

마지막으로 독자에게도 묻고 싶다.

"당신의 안경은 무엇을 비추고 있나요?"

나의 룸메이트를
고발합니다

《상처받지 않는 영혼》 마이클 싱어 지음, 이균형 옮김, 성해영 감수 / 라이팅하우스

내면 여행의 첫걸음, 룸메이트와 거리 두기

어른이 되고 몇십 년이 지났는데도 무한 반복 재생되는 유년의 기억들이 있다. 기억 안에는 불안감, 화, 분노, 미움, 서러움, 수치심 등의 불편한 감정이 섞여 있다.

봉인되어 있던 감정은 아이를 낳고 불쑥불쑥 쏟아져 나왔다. 미친년처럼 아이를 혼내고 아이도 울고 나도 울고. 정신을 차리고 나면 아이의 행동이 불처럼 화낼 일은 아니었는데 싶어 스스로에 대한 자괴감에 괴로웠다. 《상처받지 않는 영혼》을 읽고 그때마다 내가 머릿속 '그놈'과 함께 분노의 화신이 되었구나, 깨달았다.

나의 마음 해방일지

마이클 싱어는 우리 머릿속 끊임없이 말을 걸어오는

존재를 '룸메이트'라고 부른다. 이 룸메이트는 내 생각, 감정, 기준, 나만의 잣대로 가득 차 있다. 하지만 중요한 건, 이 룸메이트는 내가 아니라는 사실이다!

저자는 룸메이트의 말에 휘둘리지 말고, 그저 바라보는 연습을 하라고 말한다. 머릿속에서 쉴 새 없이 떠드는 소리를 듣되 반응하지 말고, 흘려보내라는 것이다.

어릴 때부터 감정을 표현하는 것보다 안으로 꾹꾹 숨기는 게 익숙했던 내게 육아는 미숙한 감정의 민낯을 고스란히 드러나게 했다. 부정적인 감정이 올라오면 나도 모르게 즉각 반응했고, 그 감정에 휘둘려 기분이 오르락내리락했다. 아이의 태도나 작은 감정에도 휘둘리는 내가 싫었다. 변하고 싶었다.

룸메이트를 한 발짝 떨어져서 관찰하니 너무 소란스럽고 부정적이었다.

'아, 저놈은 끝도 없이 떠들어대는구나. 내가 화를 내든 슬퍼하든 계속해서 새로운 문제를 찾아내는구나.'

《상처받지 않는 영혼》을 여러 번 읽으며 연습을 시작했다. 순간 감정이 확 올라올 때 호흡을 깊게 하면서 나와 똑같이 생긴 룸메이트를 보는 모습을 머릿속으로 그렸다. 가만히 룸메이트가 하는 행동과 말을 지켜봤다. 신기하게도 내가 반응하지 않으면 룸메이트도 결국 조용해졌다. 마치 주목받지 못한 연극배우처럼 점점 기운이 빠지더니, 어느 순간 제풀에 시들해졌다. 그렇게 감정이 흘러가고 나니 마음이 한결 가벼워졌다.

흘려보내는 삶을 살기 위해

나는 좋은 감정은 오래 유지하고, 나쁜 감정은 모른 척하거나 빨리 없애야 한다고 생각했다. 마이클 싱어는 '집착'과 '저항'도 결국 같은 에너지를 쥐고 있는 것이라고 한다. 나쁜 감정을 붙잡고 괴로워하는 것도, 좋은 감정을 꽉 쥐고 놓지 않으려는 것도 결국은 흐름을 막는 행위라는 거다.

"어떤 감정이든 그냥 지나가도록 두세요. 에너지는 들어왔다가 나가는 것이 자연스러운 흐름이며 우리가 해야 할 일은 그 흐름을 방해하지 않는 거랍니다."

그렇다. 좋은 일이든 나쁜 일이든, 결국 지나간다. 붙잡으려 하면 할수록 힘들어진다. 지나가는 생각과 감정에 몰입하지 않고 바람처럼, 구름처럼 흘러가게 두자. 그러다 보면, 룸메이트의 수다는 멈추고, 지금 이 순간을 생생하게 살아갈 수 있을 것이다.

2부

건강은
행복한 삶을
지탱하는 힘

● 소개툰

프롤로그

마흔 생일에 찾아간 곳은?

"어서 오세요! 여성전용헬스 커OO입니다."

마흔 살 생일, 처음으로 헬스장에 등록했다. 동네 언니들이 "마흔 넘어 봐라, 예전 같지 않다."라고 할 때도 아직은 내 얘기는 아니라고 생각했다. 그런데 서른 후반이 되면서 감기에 걸리면 잘 떨어지질 않고 입안도 자주 헐었다. 평소와 같은 일상을 살고 있는데, 왜 면역력이 약해진 걸까? 언니들이 말한 게 이런 거였나? 운동해야지 하면서도 미뤄왔는데 이제는 정말 시작할 때인 것 같았다. 마흔 생일, 중년으로 들어서는 상징적인 날이니 타이밍도 찰떡이다. 그래, 내가 나한테 건강을 선물하자!

운동을 시작하니 몸이 달라지네

저녁을 준비해 놓고 일주일에 세 번 헬스장에 갔다. 처음 근력 운동을 했더니 온몸이 쑤셨다. "에고고…." 앓는 소리가 절로 나왔다. 그런데 신기하게도 일주일도 안 돼서 지독하게 달라붙었던 감기가 싹 사라졌다. 즉각적인 효과를 몸으로 경험하니 짜릿했다.

한 달만 다녀 보자 했던 헬스를 장장 2년을 이어갔다. 근력이 붙고 체력이 올라가면서 다른 운동에 도전하고 싶어졌다. 다음 목표는 수영이었다.

수영 첫 수업 날, 강사님이 물속에 머리를 넣어보라고 했다.

"머리를 물속에 넣으라고요? 그게 가능해요?"

수영하려면 물에 들어가는 게 당연한데 내게는 높은 절벽에서 뛰어내리라는 소리로 들렸다. 강사님은 웃으며 말했다.

"코로 숨을 내쉬면서 들어가 보세요. 생각보다 어렵지 않아요."

역시 경험을 해 봐야 한다. 생애 처음으로 물속에 머리를 넣어도 무사하다는 걸 알았다. 하지만 수영은 예상보다 훨씬 힘들었다. 한 시간 내내 숨을 헉헉대며 물살을 갈라야 했고, 적응할 만하면 강사님은 더 어려운 영법을 가르치고 상급반으로 올려 버렸다. 그렇게 2년을 수영하던 어느 날, 물속에서 몸이 자연스럽게 뜨는 느낌을 받았다. 몸과 마음이 편안해지면서 내 몸이 물과 하나가 되는 기분이었다. 한 시간 동안 숨차게 물을 가르며 온전히 내 몸에 집중하는 시간이 명상과 비슷하다는 생각도 들었다.

운동, 결국 삶을 지탱하는 힘

운동을 시작하면서 새벽 기상을 하고, 글을 쓰고, 독서 모임을 나가기 시작했다. 하루 종일 아이들만 돌보던 일상에 자기 계발 시간이 생겼다. 몸이 변하니 마음도 변했다. 변화의 시작이 뭐냐고 묻는다면? 단연코 운동이다. 기초 체력이 있어야 뭘 하든 해낼 힘이 생긴다. 지금은 자주 걸리던 감기도 거의 걸리지 않는다. 김장할 때마다 허리가 끊어질 듯 아팠는데, 이제는 멀쩡하다. 오히려 30대보다 더 건강한 40대를 보내고 있다.

내게 운동을 왜 해야 하냐고 묻는다면?

☑ 하고 싶은 것을 하려면 체력이 있어야 한다.
☑ 여행하려면 체력이 있어야 한다.
☑ 새벽 기상을 하려면 체력이 있어야 한다.

세상에 건강하지 않고 할 수 있는 일은 없다. 변화의 시작은 체력, 곧 운동이다. 꾸준한 운동 루틴을 만들자. 건강한 체력 위에서 꿈도 펼치고, 행복도 쌓아 보자.
 나는 그렇게 마흔에, 운동으로 다시 태어났다.

대화는 자연스럽게 돈으로 이어졌다.

성공하고 싶다면
기초 체력부터

《부자의 1원칙, 몸에 투자하라》 유영만, 김예림 / 블랙피쉬

동네 지인과 카페에서 만나 수다를 나눴다. 저학년 막둥이까지 딸 셋을 키우면서도 자기 계발에 부지런한 그녀가 대견하고 멋져 보였다. 나도 그녀 나이인 마흔에 새벽 기상을 시작하고 책을 읽기 시작해서 그 마음 십분 공감하며 응원하고 있다.

여기서 질문 하나! 부자가 되고 싶다면 어떻게 해야 할까? 눈 감고도 할 수 있는 대답은? 돈을 많이 벌면 된다. 딩동! 그럼, 돈은 어떻게 많이 벌 수 있을까?

《부자의 1원칙, 몸에 투자하라》 유영만 교수는 추진력과 열정으로 세상의 불편함을 해결하라고 말한다. 불편함을 해결해 주면 사람들이 이용하게 되고, 그만큼 세상을 변화시킨 대가로 경제적 부가 따라온다는 것이다.

이제 부자가 되는 방법을 알았으니 몸을 움직이고 행

동하면 되겠다. 그런데 마음과 달리 내 몸은 자꾸만 침대와 한 몸이 된다. 아무 생각 없이 드라마 몰아보기를 하면서 하루 푹 쉬면 움직일 힘이 생길 것 같다. 과연 그럴까? 잠을 못 자거나 체력이 떨어지면 무조건 쉬어야 한다. 하지만 새로운 일에 첫발을 내디뎌야 하는데, 두려워서 뒷걸음질 치는 거라면, 쉼은 약이 아니라 독이다.

우리에게 필요한 것은 기초 체력

'지금부터 배워서 언제 돈 벌지? 아직 실력이 안 돼. 너무 부족해. 좀 더 공부하고 실전은 나중에.' 고백하건데 그동안 나는 당장 하지 않을 수만 가지 이유를 만들어냈다. 돌아보니 그 모든 변명의 끝에는 체력 부족이 있었다. 체력이 약하면 도전이 두렵고, 새로운 시도를 감당할 힘이 없다. 운동을 시작하면서 비로소 깨달았다. 정신력과 체력은 한 몸이라는 것을.

내 운동 루틴이었던 수영은 온 세계를 마비시킨 전염병 때문에 수업이 중단되면서 걷기로 바뀌었다. 오전에는 햇볕을 쬐며 아파트 두 바퀴를 걷고, 저녁에는 체조와 상체 운동을 했다. 그러다 지인 언니가 달리는 걸 보고 나도 한 번 뛰어 보았다. 처음에는 100미터도 버거웠다. 무작정 뛰다가 핸드폰에 러닝 앱을 깔고 거리를 체크하며 조금씩 늘려 갔다. 어느새 1킬로미터를 뛰고 3킬로미터까지 가뿐해졌다. 그리고 3개월 후, 처음으로 마라톤 대회에 나가 5킬로미터를 완주했다. 마라톤에서 5킬로미터는 명함도 못 내밀 수준이지만 나에게는 앞으로 무엇을 해도 끈기 있게 해낼 수 있다는 자신감과 성취감을 얻은 의미 있는 날이었다.

몸이 바뀌면 인생이 바뀐다

계획을 화려하게 세워도 실행하는 건 결국 몸이다. 몸이 지치면 머리도 굳는다. 추진력과 열정은 몸이 뒷받침되어야 가능하다.

우리에게 필요한 건 대단한 변화가 아니다. 하루에 단 10분이라도 스트레칭 하기, 엘리베이터 대신 계단 오르기, 동네 한 바퀴 걷기 등 작은 한 걸음이다.

늘 해야 할 일이 많아 나를 돌볼 틈이 없다고 느낄 때, 피곤해서 딱 오늘 하루만 미루고 싶을 때, 일단 몸을 먼저 움직여 보자. 그러면 신기하게도 마음이 기지개를 켜고 따라 올 것이다.

나와 내 자식을 살린
아침 운동

《마녀체력》 이영미 / 남해의봄날

아침 운동은 일석이조

"엄마, 운동 간다!"

아침 8시, 아직 꿈나라에 있는 아이들을 깨우고 현관문을 힘차게 열고 나간다. 아파트 둘레길을 빠른 걸음으로 걷는다. 아침 운동을 한다고 하니 동네 엄마들이 깜짝 놀란다.

"8시에 운동을 나간다고? 애들 학교는 어쩌고?"

초등학생을 둔 전업주부에게 오전은 그야말로 전쟁 같은 시간이다.

"아침은 해독주스 갈아서 식탁에 놔뒀어. 안 일어나면? 지가 지각하는 거지 뭐."

아이들 습관을 바꿔보려는 조금은 불순한 의도로 시작한 아침 운동은 내게 새로운 활력을 선사했다. 맑은 기운이 감도는 이른 아침의 공기와 서서히 깨어나는 도시의 움직임이 마음에 들었다.

어느 날 운동 중에 담임 선생님께 전화가 왔다.

"밤톨 군이 등교를 안 했어요."

급히 집으로 전화를 걸었더니, 아들은 잠에 취한 목소리로 전화를 받았다. 속에서는 천불이 났지만, 최대한 목소리에 감정을 빼고 어서 챙겨서 학교에 가라고 말하고 끊었다. 그렇게 몇 번 늦잠의 결과를 직접 체감한 후에야 아이들은 비로소 자각한 것 같았다.

'아침에 엄마가 계속 깨워 주지 않는구나. 일어나면 정말로 엄마가 없구나!'

그 후 아이들은 서서히 혼자 일어나 준비를 하고 학교를 가기 시작했다.

순간 뒷목을 타격하며 올라오는 깨달음이 있었으니.

'내가 문제였구나. 아이가 주도적으로 하길 바라면서도 먼저 해 주고 계속 개입했구나.'

사람에게는 누구나 각자의 과제가 있다. 서로의 과제를 분리해야 주도성이 깨어난다. 이 깨달음은 이후 내 육아관에 큰 영향을 끼쳤다.

저질 체력은 삶의 질도 떨어뜨린다

《마녀 체력》은 책상 앞에서만 살던 출판 에디터가 마흔을 기점으로 운동을 시작해 강철 체력으로 변신하는 에세이다. 고혈압과 저질 체력이던 저자가 마라톤을 완주하고, 철인 3종 경기를 뛰는 사람이 되었다. 나도 20대엔 저질 체력이었다. 앉아서 몇 년간 만화를 그리며 최소한의 움직임으로 살았더니 몸의 근육이 싹 빠졌다. 그 상태로 아이를 낳았더니 체력이 바닥났다. 근력이 없으니 허리가 아파서 복대 없이는 못 살았고, 자주 물리치료를 받으며 육아를 했다. 피곤함이 기본 값이라 우울할 때도 많았다. 아이들이 크면서 체력이 조금씩 회복됐지만, 남들 평균 수준에 못 미쳤다. 그러다 서른 끝자락이 되면서 면역력이 떨어지고 감기에 자주 걸리기 시작했다. 약을 먹어도 잘 낫지 않았다.

"아, 이게 나이 드는 거구나."

강철 체력을 위해 밖으로 나가자

마흔에 운동을 시작했다. 헬스, 수영, 걷기, 러닝을 조금씩 하면서 허리에 힘이 생겼고, 근력도 조금씩 붙었다. 하지만 근력이 약해서인지 수영을 해도 50미터 왕복이 힘들었고, 마라톤도 5킬로미터까지만 뛰고 근 손실이 와서 멈췄다.

그렇게 내 운동은 제자리걸음을 하는 듯했는데, 《마녀

체력》은 다시 나를 흔들어 깨웠다. '평범한 저자도 마흔에 시작해서 강철 체력이 되었는데, 나라고 왜 못할소냐!'

노후를 위한 재테크 중 가장 중요한 투자가 '근테크'라고 한다. 근육 키우는 투자 말이다. 근력을 키우듯 몸의 한계를 조금씩 넓혀 보리라! 다시 심기일전이다. 강철 체력을 위해 운동화 끈을 매고 밖으로 나가야겠다!

긴 호흡으로
사는 법

《달리기를 말할 때 내가 하고 싶은 이야기》 무라카미 하루키 지음, 임홍빈 옮김 / 문학사상

"마지막 한 걸음! 조금만 더 가면 결승점인데!"

죽어라 달리다 코너만 돌면 끝이 보이는데, 이상하게 그 순간에 멈춰 버린다. 그리고 왔던 길을 힘 빠져 되돌아온다. 그런 정신 나간 허망한 짓을 나는 자주 반복한다.

그럴 때마다 스스로에게 묻는다.

"왜 끝까지 못 가고 포기하는 거지?"

한 걸음만 더 떼면 될 것 같은데, 그 한 걸음을 못 내딛고 돌아설 때면 마치 뒤를 안 닦고 화장실을 나온 것처럼 찝찝하고 불쾌하다.

"여기까지가 한계야"라고 스스로 선을 긋고 멈춰버리는 이유는 뭘까? 어떻게 하면 이 심리적 벽을 넘을 수 있을까?

운동은 지속력을 기르는 힘

《달리기를 말할 때 내가 하고 싶은 이야기》에서 그 답을 찾았다. 세계적인 소설가 무라카미 하루키는 꾸준히 글을 쓰며 소설가로서 생존할 수 있었던 힘을 달리기에서 얻었다고 했다. 그에게 달리기는 단순한 운동이 아니라, 매일 다시 쓰기 위해 자신을 붙잡아 두는 생존의 리듬이었다.

그의 말처럼 운동은 정신적인 작업을 지속할 수 있도록 돕는다. 몸을 움직이면 뇌가 깨어나고, 생각이 정리된다. 체력이 뒷받침되면 집중력도 오래 간다.

나는 집돌이 아들에게 종종 말한다.

"너무 책상 앞에만 앉아 있지 말고 나가서 좀 뛰고 와."

요즘 아이들은 실내에 오래 머물고, 근력과 지구력도 부족하다. 공부든 일이든 결국 오래 버티는 힘이 필요하다는 걸, 나이 들수록 더 절감하게 된다.

몸에 나만의 스토리를 새기자

지식을 체화한다는 건, 남이 만들어준 옷을 입는 것이 아니라 내 몸에 맞게 천을 재단하고 바느질하며 완성하는 과정과 비슷한 것 같다. 그렇게 내 손으로 지어낸 옷에는 나만의 이야기가 깃든다.

수영을 배울 때도 마찬가지다. 강사가 아무리 자세히

설명해도 한 번에 완벽히 익힐 수는 없다. 결국 물속에서 직접 팔다리를 움직이며 몸으로 익혀야 한다.

무언가를 깊이 배우고 체화하는 경험은 삶의 다른 영역에도 영향을 준다. 그런 의미에서 운동은 단순한 육체 활동을 넘어, 나를 이해해가는 과정이자 내 몸에 스토리를 새기는 시간이 아닐까 한다.

내 몸과 마음을 길들이는 시간

운동을 하다 보면 슬슬 힘들고 귀찮아져 빠질 핑계를 찾게 된다. 바쁘니까, 피곤하니까, 날씨가 안 좋으니까 내일 하지 뭐. 그렇게 미루다 보면 결국 흐지부지된다.

하지만 근력은 바로 그 '힘든 순간'을 넘어야 생긴다. 이제 좀 할 만하다 싶을 때, 그때 조금 더 나아가야 한다. 정신과 육체는 함께 돌봐야 하며, 어느 한쪽을 소홀히 하면 결국 탈이 난다. 몸이 가는 곳에 정신이 따라간다. 그러니 내 몸이 내는 "그만둬!"라는 신호를 핑계 삼지 않고, 고집스럽고 완고한 사역마를 길들이는 기분으로 몰아붙여 보자.

"내가 너를 데리고 갈게. 조금만 지나면 너도 익숙해질 거야."

건강하고
온화한 발소리

《걷기의 즐거움》 수지 크립스 엮음, 윤교찬 조애리 옮김 / 인플루엔셜

걷다가 마주친 예술의 순간

아파트 둘레길을 산책할 때였다. 참새 한 마리가 땅에 내려앉아 쫑쫑거리더니 갑자기 푸드덕거리며 무언가를 내 발 앞에 툭 떨어뜨렸다. 자세히 보니 웬걸, 개똥이었다. 뭐야! 황당해서 헛웃음이 났다. 참새는 마치 "먹을 건 줄 알았더니 개똥이잖아!" 하는 표정을 짓고 있었다. 찰나에 내 눈과 딱 마주친 참새는 화들짝 놀란 듯 날개에 힘을 주더니 포르르 하늘로 날아올랐다. 나는 멍한 표정으로 멀어져가는 새를 바라보았다.

'무슨 일이 일어난 거니…. 나, 새랑 교감하는 능력이 있나? 분명히 참새가 부끄러워했다고!'

그때 뒤에서 누군가 개똥을 밟고 투덜거리는 소리가 들렸다. 나는 한 번 더 하늘을 쳐다보았다. 진실은 저 너머

로 날아갔지만, 나는 범인을 알고 있으니.

이건 분명 이야기다. 스토리는 그렇게 탄생한다. 걷기를 좋아할 수밖에 없는 이유가 여기에 있다. 길 위에서 나는 계속해서 이런 재밌는 순간들을 만난다. 그리고 그 순간들은 내 안에서 무한한 세계로 확장된다.

걷기, 그 속에 담긴 위대한 사색

《걷기의 즐거움》은 걷기에 대한 찬가로 가득하다. 헨리 데이비드 소로, 윌리엄 워즈워스, 루소 같은 유명한 문인과 철학자들이 걷기를 사랑했던 순간을 들려준다. 이들은 모두 18세기~19세기에 살았다. 당시 조선은 세도정치가 판을 치고 나라의 운이 기울어 가던 시기였다. 반면 영국은 빅토리아 여왕 시대를 맞아 산업혁명이 본격적으로 진행되고 있었다. 자연은 무참히 파괴되었고, 문명은 급변했다. 이런 변화 속에서 사색가들은 숲을 걷고 자연과 교감하며 인간이 우주의 아주 작은 존재라는 걸 깨달은 듯하다.

나 역시 걷다 보면 자연과 공명이 되는 순간이 있다. 걷다가 불현듯 마음이 울컥해진다. 물이 끓을 때 기포가 보글보글 올라오듯 내 마음에도 기포가 생기며 톡톡 터지는 느낌이다.

발은 걷고 서기 위해 있는 것

헨리 데이비드 소로는 하루에 네 시간은 걸어야 육체적, 정신적 건강을 유지할 수 있다고 했다. 현대인들이 지금처럼 의자에 앉아 하루의 대부분을 보내는 걸 봤다면 분명 혀를 내두르며 개탄했을 듯하다.

존 버로스는 인간의 몸을 '경주마', 마음을 '기수'에 비유했다. 가벼운 마음을 가진 기수는 멀리 갈 수 있다. 억지로 하는 운동은 몸을 무겁게 하지만, 즐거운 산책은 몸과 마음을 가볍게 한다. 자연 속으로 들어올 때는 생각 보따리를 놓고 오라는 거겠지.

그래, 머리를 비우자. 휴대폰을 주머니에 넣고 발걸음에 집중한다. 가슴을 젖히고 오감을 잔뜩 열어본다. 머리카락을 간지럽히는 바람결을 느끼고 나무 사이로 흔들리는 영롱한 햇살을 감상한다. 마음이 말랑말랑해진다. 왜 하루키가 매일 달리고, 옛 철학자들이 걷기 위해 시간을 냈는지 알 것 같다.

나는 오늘도 걷는다. 그리고 내일도 걸을 것이다. 길 위에 또 다른 이야기가 나를 기다리고 있을 테니까.《걷기의 즐거움》덕분에 나의 걷기가 더 다정해졌다.

3부

내가
먹는 것이
바로 나

• 소개툰

나는 유혹의 순간을
이렇게 넘긴다.

프롤로그

우리 마누라는 120살까지 살 거야

몸을 돌보는 일, 결국 나를 사랑하는 일

나는 17년 차 생활협동조합(이하 생협) 조합원이다. 첫째 밤톨 군을 낳고 건강과 먹거리에 눈을 떴다. 그전까지는 과일과 채소를 왜 챙겨 먹어야 하는지도 몰랐다. 비싸기도 하고 딱히 좋아하지도 않았으니까. 하지만 6개월 된 아기의 이유식을 준비하면서 생각이 바뀌었다. 내 아기의 몸에 나쁜 것이 들어가게 할 수 없었다. 생협 조합원으로 가입해서 유기농 식재료로 이유식을 만들었다.

아들이 7살이 되면서 YMCA 아기스포츠단에 입단했고, 본격적으로 생협 활동을 시작했다. 조합원들과 함께 모여 식생활과 환경에 대해 공부를 했다. 된장, 고추장을 직접 담그고 생산지 견학도 다녔다.

"밥은 하늘입니다. 하늘은 혼자 못 가지듯이 밥은 서로

서로 나누어 먹습니다."

올망졸망한 아이들은 밥을 먹기 전 감사한 마음을 담아 〈밥상 노래〉를 불렀다.

그렇게 애를 썼건만, 초등학생이 된 내 자식들은 과자, 라면, 초콜릿을 좋아하는 평범한 아이들이 되어 버렸다. 밖으로 나가면 초가공 식품의 유혹을 피할 길이 없었다. 청소년이 되니 더 어렵다.

"요즘은 돈만 있으면 먹을 게 많잖아. 힘들게 집에서 해 먹을 필요가 없어."

맞는 말이다. 세상에는 맛있는 음식이 넘쳐난다. 하지만 혀가 좋아하는 음식이 과연 몸에도 좋을까? 휴대폰으로 간단하게 주문 버튼 하나를 눌러 패스트푸드와 배달 음식으로 한 끼를 해결할 수 있는 게 정말 좋은 세상일까?

건강은 당연한 것이 아니다

푸릇했던 20대, 하루 종일 앉아서 만화를 그리고 바쁘다고 대충 먹으면서 나는 건강 체질이라 생각했다. 건강이 당연한 줄 알았다. 하지만 그건 착각이자 오만이었다. 작품을 하는 내내 입병을 달고 살고 체력이 바닥나고 후회했다. 아무리 타고난 체질이 좋아도 몸을 혹사하면 결국 몸은 무너진다.

"이거저거 몸에 안 좋다면서 먹지 말라고 하면, 도대체 뭘 먹으라는 거야? 풀떼기만 먹고 살라는 거야?"

"스트레스가 더 무서워. 담배 하루에 몇 갑씩 피워도 장수한 사람도 많고, 담배 한 번도 안 피웠는데 폐암 걸려 죽는 사람도 많더라."

아프면 약으로 증상만 없애고, 담배 피우면서 한약 먹고, 술 마시고 운동하고, 극단적인 예시를 들면서 타협한다. 미숙하고 유혹에 약한 인간이다.

몸이 보내는 신호에 귀 기울이자

"인생 뭐 있어. 잘 먹고, 잘 자고, 잘 싸는 게 최고야!"

우리가 생각 없이 뱉는 이 말에 건강 비밀이 다 들어있다.

사실 건강한 음식을 먹는 건 단순히 정크 푸드를 줄이는 차원이 아니다. 나의 생활 습관을 모두 들여다봐야 한다.

잘 먹고, 속을 비우고, 잘 자면 몸이 가볍다. 다음 날도 가벼운 몸을 유지하고 싶다면 야식을 참아야 한다. 야식을 참으려면 일찍 자야 하고, 잘 자고 일어나면 아침이 상쾌하다. 소화가 잘되니 비움의 신호가 오고, 개운한 하루가 시작된다. 머리가 맑고 집중력이 올라가니 일도 잘 된다. 결국 잘 먹고, 잘 자고, 잘 누려면 절제와 비움을 실천하는 삶의 방식이 필요하다.

몸은 소화불량, 어깨 뭉침, 통증 등 여러 가지 신호를 주며 우리에게 말을 건다. 그 신호를 무시하지 말고 귀 기울여 듣고 돌봐 주어야 한다. 몸이 망가지면 회복하는 데 몇 배의 시간과 노력이 들어간다. 그리고 그 고통은 오롯이 자신의 몫이다.

이제 스스로에게 물어보자. 나는 지금 잘 먹고, 잘 자고, 잘 비우고 있나?

우리 가족 수면 패턴

한집에 살아도 라이프스타일이 제각각

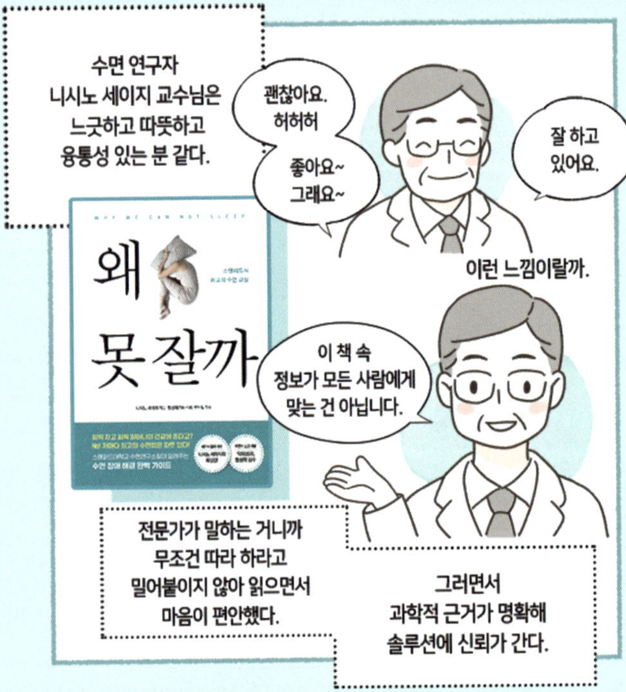

황금의 90분을
아시나요?

《왜 못 잘까》 니시노 세이지 지음, 황성혁 옮김 / 북드림

잘 깨어 있으려면, 잘 자야 한다.

"잠을 가장 먼저 줄이는 게 하수, 잠을 잘 자고 집중력을 높이는 게 상수."

헉! 뼈 때리는 말. 팩폭이다! 어느 책에서 이 문장을 접하고, 눈물 흘리며 인정했다. 그동안 나는 하수 중의 하수였다. 해야 할 일도 많고, 하고 싶은 일도 많고, 자기 계발 욕심까지 가득했는데, 그 해결책이 가장 먼저 잠자는 시간을 줄이는 거였다.

낮에는 두 아이를 돌보고 집안일 하느라 내 시간을 가지기 어려웠다. 그래서 새벽 기상을 시작했다. 문제는 잠드는 시간을 당기지 않았다는 거다. 결과는 만성 수면 부족이었다. 평소 건강과 바른 식습관에 관심이 많은 편이었지만, 정작 '잠'에 대한 책은 읽은 적이 없었다. 《왜 못 잘까》를 읽

으면서 수면이 건강뿐 아니라 다이어트에도 영향을 준다는 사실을 알았다. 또한 그동안 알고 있었던 건강 정보 중, 잘못 알고 있던 것과 제대로 실천해야 할 것들을 구분할 수 있었다.

나에게 맞는 수면법을 찾자

자기 전 스마트폰을 하지 말라는 이유는 각성 스위치가 꺼지지 않아서 황금의 90분 수면을 놓치기 때문이다. 아침에 따뜻한 물을 마시는 게 좋은 이유는 몸이 따뜻해지면 체온이 올라가면서 각성 스위치가 잘 켜지기 때문이다.

《왜 못 잘까》를 읽으면서 그동안 주위들은 건강 정보들의 과학적인 근거를 이해할 수 있었다. 하지만 동시에, 이런 건강법이 모든 사람에게 딱 맞는 것은 아니며, '생활 패턴을 바꾸려고 노력하되, 자신에게 의미 있는 것은 가져가라'고 저자는 말한다.

불면증으로 고생하는 친정엄마가 떠올라 미안해졌다. 엄마는 10년 넘게 새벽까지 뒤척이다 아침이 되어서야 겨우 쪽잠을 잔다. 나는 그런 엄마에게 자주 잔소리를 늘어놓았다.

"엄마, 힘들어도 근력 운동해야 해. 일부러라도 계단으로 다녀."

"엄마, 영상 하나 보냈어. 수면에 좋은 스트레칭이래. 꼭 해 봐."

하지만 엄마의 대답은 늘 똑같았다. "아이고, 힘들어. 못 해, 못 해."

나도 몸이 아플 때는 손가락 하나 까딱하기 힘든데, 내 말이 얼마나 공염불로 들렸을까. 하고 싶어도 몸이 따라 주지 않는 엄마는 얼마나 속상했을까.

잠을 잘 자야 하는 이유를 찾다

수면은 인지와 정신 건강에 많은 영향을 미친다. 잠이 부족하면 피로하고 피로는 인지능력을 떨어뜨린다고 한다. 집중력을 높이고, 기분을 안정시키고, 활력 있는 하루를 보내기 위해 나에게 맞는 수면 습관을 찾자. 나처럼 밤잠이 부족하다면, 오후 2~3시 사이에 30분 정도 낮잠을 자도 좋다.

'목적은 잠을 잘 자는 것이 아니라, 잘 자고 좋은 컨디션으로, 다양한 활동을 잘 하는 것이다'라는 저자의 생각이 잠에 대한 내 관점을 확 바꿔 주었다. 지금까지는 바쁠 때 가장 먼저 잠을 줄였는데, 이제 잘 자야 하는 이유가 명확해졌다. 하고 싶은 일을 신나게, 잘 하고 싶으니 앞으로 질 좋은 수면이 내 건강 실천 1순위이다.

미야의 간단한 건강 습관

- 제철 과일 & 채소 활용!
- 블루베리, 딸기 냉동 보관 OK
- 바나나, 키위, 고구마로 자연 단맛!
- 위에 좋은 마 & 케일 추가!

작은 실천이 다이어트 성공의 열쇠!

다이어트! 뺄 것보다 비울 것에 집중합시다!

- ✅ 꾸준한 습관이 최고의 다이어트
- ✅ 과일 & 채소로 가볍게 시작!
- ✅ 무리한 다이어트 NO! 몸의 반응을 체크하면서
- ✅ 가족과 함께라면 더 즐겁다!

건강한 삶을 위한
충실한 조언

《다이어트 불변의 법칙》 하비 다이아몬드 지음, 강신원 김민숙 옮김 / 사이몬북스

만약 다이어트를 결심했다면 《다이어트 불변의 법칙》이라는 제목이 꽤 솔깃하게 들릴 것이다. 근래 들어 아이들의 식단이 엉망이 되고 변비며 비염까지 겹치자 이대로는 안 되겠다 싶어 건강 관련 책을 찾다가 "오, 다이어트라고?" 제목에 낚여 읽기 시작했는데 생각 이상으로 내용이 깊고 좋은 책이었다. 비만과 질병 치료의 핵심은 '몸을 제대로 가꾸는 근본적인 방식'에 달려 있음을 강조하는 내용이 가득했다.

"아, 이건 그냥 살 빼는 법을 알려주는 책이 아니구나!" 무심코 해 오던 식습관을 돌아보게 만들었고 건강을 지키며 체중도 조절하는 비법이란 게 실천하기에 크게 어렵지 않다는 점이 반갑기도 했다.

보편적 상식 뒤집기, 그리고 주의할 점

《다이어트 불변의 법칙》에는 평소 우리가 믿고 있던 건강 상식을 뒤집는 내용이 많다. 예를 들어 "한 끼에 한 가지 음식만 먹어라"든가, "나이 들수록 단백질을 더 챙겨야 한다"는 말에 반박해 "단백질 과잉은 오히려 독이 된다."라고 주장한다. 사실 그동안 건강, 음식 분야의 책을 꾸준히 읽어온 내게는 계속해서 다루어지는 주제였다. 생각해 보면 현대의 병은 대부분 너무 자주, 많이 먹어서 생긴다고 하니 일리가 있다. 다만 이런 파격적인 조언이 모두에게 맞는 건 아닐 수 있으니 다른 관련 책이나 전문가의 의견도 살피면서, 각자 생활에 맞게 퍼즐 맞추듯 적용하는 태도가 필요하다.

내게 가장 도움이 되었던 건 3단계로 움직이는 우리 몸과 8시간 주기였다.

1. 낮 12시~저녁 8시: 먹고 소화하는 시간! (음식 섭취)
2. 저녁 8시~새벽 4시: 에너지를 흡수하는 시간! (몸을 쉬게 하기)
3. 새벽 4시~낮 12시: 배출하는 시간! (독소 배출)

그중 3번인 '배출 주기'는 새벽 4시부터 낮 12시까지 노폐물을 내보내는 시간인데, 이 시간에는 과일·채소처럼 수분 많은 음식을 먹어 장이 가볍도록 돕는 게 핵심이라고 한다. 한때 해독주스 열풍이 불었을 때, 나도 가족에게 2년 넘게 과일과 채소를 갈아 먹이며 꽤 효과를 봤었다. 하지만 오래 먹다 보니 다들 질려서 안 먹기 시작하고, 나도 그림을 그리면서 바빠지다 보니 식단이 다시 육류, 밀키트 위주로 돌아가 버렸다. 그렇게 한 끼 때우듯 식사를 하다 아이들 몸에 적신호가 켜진 걸 보고 아차 싶었다.

어제 먹은 것이 나

이른 아침 일어나 오랜만에 냉장고를 열어 채소와 과일을 꺼내 듬성듬성 썰어서 믹서기에 넣는다. 동작 버튼을 누른다. 웽웽 덜그럭덜그럭! 칼날이 시끄럽게 쇳소리를 내며 돌아간다. 내용물이 순식간에 갈리며 묽게 변한다. 주스를 꼭꼭 씹듯 마시고 아이들에게 한 잔씩 내어 주며 한마디를 추가한다.

"애들아, 쓴 보약도 몸에 좋다고 먹는데 이 정도는 엄마의 사랑을 생각해서 잘 먹어 줘라~ 응?"

몸은 정직하다. 내 입으로 들어간 음식이 결국 건강한 몸의 기반이 된다. 나는 다시 과일·채소 위주의 식단을 늘리고, 소식을 실천해 볼 생각이다. 이번엔 좋다는 음식을 더 먹기보다, 조금씩 비우고 자연식에 집중하는 방향으로 가볍게 시작해 보려 한다. 무리하지 말고, 욕심내지 말고 몸과 마음이 함께 가벼워지길 기대하며.

4부

독서는
나를 키우는
비옥한 토양

• 소개툰

수많은 자기계발서의
성공 공통 키워드는

SUCCESS

#관점 #행동 #습관

관점은 행동을 바꾸고
결과를 바꾸고 미래를 바꾼다.

관점을 바꾸는 방법은

1. 입력되는 정보
2. 경험
3. 만나는 사람

생각이 넓어지면 내 세계가 넓어진다.

프롤로그

살살 독서 워밍업! 마인드부터 바꾸자!

이른 새벽. 베란다 창문을 연다. 싸늘한 공기가 얼굴을 스치며 거실로 파고든다. 얇은 불빛이 새어 나오는 작은 관리실 지붕이 보이고 그 너머 상가 1층에 홀로 켜져 있는 편의점 불빛이 적막한 어둠을 깨뜨리고 있다. 양쪽으로 우뚝 서 있는 아파트 창문에도 드문드문 불빛이 비친다.

'일찍 출근하는 집이려나? 나처럼 새벽 기상을 하는 걸까?'

어둠을 침범한 불빛 속에 삶의 무게가 묵직하게 다가온다. 불쑥 솟아 시야를 가린 아파트 사이 조각난 하늘로 시선을 옮긴다. 하늘은 어둠에 묻힌 건물과 대비되어 오히려 선명하고 밝다. 잠시 이것저것 끄적거리다 밖을 보니 어느새 하늘색이 달라져 있다. 짧은 찰나에 붉게 물들었다가 옅어진다. 새벽은 묘한 시간이다. 일어나지 않으면 존재하지

==않지만 눈을 뜨면 탄생하는 마법 같은 시간.==

하루를 다르게 살고 싶어서 일찍 일어나긴 했지만 무엇을 해야 할지 모르겠다. 이 시간을 무엇으로 채울까? 무엇부터 해야 할까? 보고 듣고 만나는 세계가 작아졌으니, 생각도 쪼그라들었나 보다. 생각의 확장이 필요하다. 머릿속에 새로운 걸 넣어야 머리가 돌아가지 않겠나. 일단 책을 읽어봐야겠다. 읽다 보면 뭐라도 찾게 되겠지.

절실함으로 시작한 새벽 기상

책을 읽고 필사를 하고 블로그에 책 리뷰를 했다. 그렇게 5시에서 7시까지 나만의 시간을 가지고 남편과 두 아이가 일어나면 출근, 등교 준비를 도와주고 하루 일정을 시작했다. 의욕 충만하게 눈을 부릅뜨고 밑줄을 긋고 기록도 하면서 책을 읽었지만 때때로 위기가 찾아왔다. 일어나는 게 고통스러웠다. 책을 읽다가 꾸벅꾸벅 졸기도 했다. 며칠 지켜보던 남편이 한마디 했다.

"무엇 때문에 그렇게 애를 쓰며 꼭두새벽에 일어나냐? 돈을 버는 것도 아니고 뭘 하겠다는 목표가 있는 것도 아니라면서. 낮에 애들 보느라 힘들다면서 잠이라도 푹 자지."

나를 위해서 하는 말이었지만 순간 울컥했다. 화가 나고 서운했다. 뭐가 먼저면 좀 어때? 뭐라도 하다 보면 길이 보이겠지. 응원해 주면 좋겠는데 스스로 자신이 없었기에 내 생각을 당차게 밝히지도 못했다.

안개가 짙게 깔린 곳을 걷고 있는 내 모습. 길을 찾고 싶지만, 앞이 보이지 않는다. 그 자리를 맴돌고 있으면 안 될 것 같은 초조함. 일단 어디라도 발을 내디뎌야 할 것 같은 절실함. 소용돌이치는 내 마음을 남편에게 어떻게 설명하냐고.

내 그릇 크기부터 키우자

달라지고 싶으면 시간을 다르게 써야 하듯, 행동이 바뀌려면 관점과 인식을 바꾸어야 한다. 마인드를 바꾸기 위해 본격적으로 자기계발서를 읽기 시작하면서 경탄했다. '세상에 이렇게 좋은 책이 많다니, 그리고 이렇게 재밌다니!' 읽고 있으면 나도 곧 뭔가를 이룰 수 있을 것 같고 인생이 바뀔 것 같았다. 하지만 책을 덮고 나면 열정이 눈 녹듯이 사라졌다. 황금 같은 비법들은 쉽게 내 것이 되지 않았다.

'1달러어치의 인식을 바꾸려면 1톤의 교육이 필요하다.'

어느 책을 읽다가 접한 이 문장은 내 머리를 세게 때렸다. 작은 인식 하나 바꾸는데도 어마어마한 교육이 필요한데 너무 쉽게, 거저먹으려고 했구나. 책 몇 권 읽는다고 생각과 습관이 쉽게 바뀔 거로 생각하다니 도둑놈 심보였다.

그릇이 커져야 좋은 것을 더 많이 담을 수 있다. 아무리 맑고 깨끗한 물을 콸콸 부어주어도 내 작은 그릇 밖으로 넘쳐서 흘러가 버린다. 빨리 성장하고 싶은 욕심을 버리고 내 그릇을 키우는 게 먼저였다.

천천히, 대신 꾸준히! 한 권을 읽더라도 나만의 미션을 찾아 적용해 보면서 뚜벅뚜벅 나아가보는 거다. 계속 퍼붓고 투하하리라. 계속 붓다 보면 그릇이 커질 것이고 그만큼 많이 담을 수 있을 거라 믿는다.

아주 사소한
성공 치트키는?

《아주 작은 습관의 힘》 제임스 클리어 지음, 이한이 옮김 / 비즈니스북스

습관, 결국 환경이 만든다

노란 표지가 한눈에 들어오는 《아주 작은 습관의 힘》을 펼치자마자 이 책은 내 독서 베스트 목록에 들겠다는 예감이 왔다.

말로는 백만 가지 멋진 계획을 세울 수 있지만 실천으로 이어지지 않으면 아무 소용이 없다. 사람을 감동하게 하는 건 말이 아니라 행동이니까. 저자인 제임스 클리어는 이를 몸소 증명한 사람이다.

그는 고등학교 시절, 얼굴뼈가 30조각이 나는 큰 사고를 당했다. 절망적인 순간에도 그는 작은 습관을 쌓아가며 삶을 바꿨다. 그리고 사고 6년 만에 ESPN이 선정한 전미 대학 대표 야구 선수가 되었다. 지금은 파워 블로거이자 자기계발 전문가, 베스트셀러 작가로 활동하며 '습관이 만든

사람'이 되었다.

《아주 작은 습관의 힘》을 읽고 머릿속에 박혀버린 키워드는 #환경이다. 좋은 습관을 들이려면 환경을 먼저 만들어야 한다. 내 의지력이 부족해서 실패하는 게 아니라, 실행하기 어려운 환경 속에서 꾸역꾸역 버텼기 때문에 실패했던 거다. 작은 습관을 실천할 수 있는 쉬운 환경 만들기가 바로 성공으로 가는 '치트키'였다.

지루함을 견디는 자가 성공한다

아침에 일어나서 운동가기 전에 크로키를 해야지! 부담 없이 딱 좋은 시간이야. 환경 셋팅 OK! 이제 내 그림 실력도 쭉쭉 늘겠지? 두 눈에 열정을 뿜으며 호기롭게 시작하지만 날이 갈수록 빠지는 날이 생긴다. 어느새 바쁜 일을 핑계로 스리슬쩍 습관을 포기하고 만다. '나는 원래 끈기가 없나 봐. 내가 뭐 그렇지' 땅굴을 열심히 판다. 그렇게 거창하게 시작해 중도 하차한 계획들이 얼마나 많은지.

"성공의 가장 큰 위협은 실패가 아니라 지루함이다."

책을 읽다가 이 문장을 발견하고 무릎을 쳤다. 새로운 도전은 시간이 갈수록 일상이 되고 지루해진다. 더 이상 희열이 느껴지지 않으면 우리는 새로운 것을 찾아 눈을 돌린다.

'맞아! 중도 하차한 이유가 수만 가지지만 사실은 점점 지루해졌던 거야.'

올림픽 대표 선수들과 일한 유명한 코치가 아마추어와 프로의 차이를 말했다.

"어느 시점에 이르러 매일 훈련하는 같은 동작을 견디는 게 관건이죠."

운동뿐 아니라 어떤 분야든 마찬가지다. 같은 행동을 반복하다 보면 따분해진다. 하지만 결국 성취하는 사람들은 그 지루함을 견디는 사람들이다.

새벽 기상을 시작할 때도, 운동을 시작할 때도, 책을 읽을 때도, 처음에는 열정이 넘친다. 하지만 시간이 지나면 처음의 의지는 약해지고 '이걸 굳이 계속해야 하나?'라는 회의감이 밀려온다. 그때가 가장 위험한 순간이다. 저자는 오히려 지루함과 사랑에 빠져 보라고 한다.

가슴을 제대로 타격하는 문장 하나 더.

"한 번은 실수지만, 두 번째부터는 또 다른 습관의 시작이다."

독서는 나를 지탱해 줄 단단한 뿌리

인생은 누구도 대신 살아 주지 않는다. 살다 보면 결국 혼자 선택하고 나아가야 하는 순간이 온다. 삶의 풍파에 흔들릴 때 나를 지탱해 줄 단단한 뿌리가 필요하다. 그 뿌리를 키우는 것이 바로 독서라고 생각한다.

독서가 내 삶의 뿌리가 되어 준다면, 그래서 읽은 것을 조금씩 행하는 삶을 산다면 인생 2막은 남들 기준의 성공이 아니라 나다운 성장, 나다운 성공, 나다운 행복을 누릴 수 있지 않을까.

나는 내 인생의
버스 드라이버야

《에너지 버스》 존 고든 지음, 유영만 이수경 옮김 / 쌤앤파커스

아침을 바꾼 한 마디

아침이 밝았다. 몸이 찌뿌둥하다. 분주하게 가족의 아침을 챙겨 다 보내 놓고 한숨 돌리면서 집 안을 보니 어수선함 그 자체다. 왜 청소는 해도 해도 끝이 없을까? 왜 밥하고 치우는 건 언제나 내 몫일까? 한숨이 나온다. 엉망인 집 안을 뒤로하고 눈 딱 감고 이어폰을 귀에 꽂고 밖으로 나간다.

걷다 보니 굳었던 몸이 풀리며 발걸음이 가벼워진다. 아파트 뒷길 운동 기구 근처에 다다를 즈음 저만치 앞에 휠체어를 탄 아저씨가 힘겹게 운동을 하고 있다. 나도 모르게 머릿속에 잡생각이 꼬리를 문다.

'저 아저씨도 처음부터 몸이 불편했던 건 아니었을 텐데. 얼마나 아프기 전으로 돌아가고 싶을까? 운동하면서 걷는 사람을 보면 부럽지 않을까? 그동안 다르다는 이유로 불

편한 시선을 많이 받았겠지. 나라도 쳐다보지 말고, 자연스럽게 지나가야지.'

기껏 배려한다는 마음으로 못 본 척 옆을 지나치려는데 갑자기 크고 밝은 목소리가 들렸다.

"좋은 아침입니다."

눈을 똑바로 마주치는 아저씨의 밝은 목소리에 당황하며 엉거주춤 인사를 받았다.

"어… 아, 안녕하세요."

아저씨는 지나가는 사람들에게 큰 소리로 인사를 건넸다.

도시에 살면서 이웃과 인사하는 게 어디 쉬운가. 같은 아파트 이웃과도 엘리베이터에서 인사하려면 용기가 필요한데 길가에서 만나는 사람들에게 인사를 건네는 아저씨가 대단해 보였다.

내 에너지는 내가 만든다

존 고든의 《에너지 버스》에서, 인생을 버스에 비유하는 아이디어가 무척 재밌었다. 각자 자기가 탄 인생 버스의 운전대를 잡고, 어떤 에너지를 연료로 삼느냐에 따라 삶이 전혀 달라진다는 얘기다. 불평만 하면 엔진은 뚝뚝 떨어지고, 긍정의 기름을 채워 넣으면 버스가 힘 있고 경쾌하게 굴러

간다. 실제로 아침에 얼굴을 뚱하게 찡그리고 있으면 기분마저 꿀꿀하고 하루가 영 찌뿌둥하다. 반면 오늘은 좋은 에너지로 버스를 굴려 보자 마음먹으면, 신기하게도 몸과 마음이 가뿐해진다. 딱 운동하다 만난 아저씨가 전해 준 '좋은 아침' 파동이 떠오르는 장면이다.

우리는 태어나 죽는 날까지 무수히 많은 아침을 맞이한다. 내 눈에는 아저씨의 불편함이 보였는데 그는 밝고 좋은 기운 나누는 아침을 선택했다.

오늘도 에너지 버스, 출발!

집으로 돌아오는 길, 문득 나의 아침은 어땠나 돌아보게 되었다.

그동안 가진 것에 감사하기보다는, 가지지 못한 것을 바라며 투덜거리고, 해야 할 일에 쫓기듯 동동거리며 하루를 시작했던 것 같다.

다음에 아저씨를 또 만나면 먼저 인사해야지 다짐하면서 집에 도착하니 신기하게도 널려있는 집안일이 마냥 짜증이 나고 힘들지 않았다.

그 뒤로 한 번씩 같은 시간에 아저씨를 마주쳤다. 멀리서 휠체어에 앉은 아저씨가 보이면 미소가 지어진다. 새날, 새 아침, 기지개를 켜고 나만의 버스에 올라타 시동을 건다.

나에게도 내 버스에 타는 사람에게도 사랑의 에너지를 날려 본다.

"좋은 아침입니다! 좋은 하루 보내세요."

삶을 대하는
기본적인 자세를 배우고 싶다면

《모든 것은 기본에서 시작한다》 손웅정 / 수오서재

기본부터 쌓아 올리는 힘

한동네에 사는 지인 언니에게 적극 추천받아 읽게 된 손정웅의 《모든 것은 기본에서 시작한다》는 제목만 읽어도 허리에 힘이 들어가면서 늘어졌던 마음이 쫀쫀해진다. 사실 수십 번 듣고 알면서도 지키기 어려운 게 바로 '기본' 아니던가. 나 역시 기타를 처음 배울 때, 기초 이론이나 운지 연습을 대충 해 두고 곡만 바쁘게 따라잡으려다 결국 몇 년이 지나도 완성도 있는 연주를 한 곡도 못한 경험이 있다. 그때 깨달았다. '아, 기본을 무시한 성장은 엉성한 돌탑 쌓기구나. 잘 하기 위해서는 결국 빠진 구멍을 다시 채워야 하는구나.'

혜성처럼 보이는 건 쌓아 올린 기본의 결과

손웅정은 세계적인 축구 선수 손흥민을 키운 코치이자

아버지이다. 젊은 시절 축구 선수로 뛰다 부상으로 그만두면서 기본이 얼마나 중요한지 깨달았다고 한다. 그래서 두 아들에게 축구를 가르칠 때 기본을 무척이나 강조했다. 사람들은 손흥민을 '혜성'이라 말하지만, 저자는 그런 건 없다고 단언한다. 어려서부터 차근차근 쌓은 기본기가 폭발적으로 빛을 발한 것뿐이라는 거다. 남들처럼 성과를 빨리 내기 위해 훈련 단계를 올리지 않고 무식하고 혹독하게 몸이 반응할 정도로 기본기 훈련을 시켰다. 우리 눈에 손흥민이 천재처럼 보일 뿐, 그 이면에는 지독할 만큼 '기본'에 집중한 세월이 쌓여 있었다.

청소는 마음을 닦는 수련이다

그에게 인생의 기본은 '청소, 운동, 책'이라고 한다. 심플하고도 깔끔한 인생관이다. 어릴 때부터 새벽에 일어나 마당을 쓸고 학교에 갔고 지금도 새벽에 일어나면 무조건 집안을 직접 쓸고 닦으며 하루를 시작한다고 한다. 청소가 주위를 정돈하는 걸 넘어 마음마저 맑아지게 한다는 말이와 닿았다. 나도 한동안 새벽에 일어나 화장실 청소를 한 적이 있다. 그냥 변기나 바닥을 닦는 사소한 행동인데, 덜 깬 몸을 움직여 청소하다 보면 정신이 맑아지고 몸에서 맑은 에너지가 차오르는 느낌을 받았다. 깨끗해진 화장실을 보면 작은 성취감이 밀려와 뿌듯하고, 마음이 반듯해지는 기분이었다.

불교에 '일청소이신심'이라는 말이 있다. 청소가 먼저고 마음이 그다음에 온다는 의미다. 청소가 단순히 정리, 정돈을 넘어 마음을 닦는 수련임을. 이런 반복이 쌓여 습관이 되면, 그게 바로 단단한 '기본'으로 자리 잡히는 게 아닐까 한다. 나도 기본부터 하나하나 쌓아 조금 더 단단한 내가 되고 싶다.

이 책은 자기계발서이지만 좋은 양육서이기도 하다. 그는 사람은 저마다 다르고 아이들을 각자 가진 개성대로 자라는 한 그루 나무와 같다고 말한다. 부모가 할 일은 아이를 믿으며 응원해 주는 것뿐이라는 말에 깊게 공감한다. 그리고 그가 전하는 사랑 가득한 메시지를 내 아이들 뿐 아니라 나 자신에게 들려주고 싶다.

"너도나도 있는 그대로 한 그루 나무야. 우리 각자, 있는 그대로 행복하자."

시작의 두려움
날려 버리기

《시작의 기술》 개리 비숍 지음, 이지연 옮김 / 웅진지식하우스

살다 보면 막다른 기로에 설 때가 있다. 바로 발밑이 낭떠러지고, 주위가 안개로 가득 차 앞이 하나도 보이지 않을 때 우리는 좌절한다.

'여기는 길이 막혔어. 안개 때문에 길을 못 찾겠어. 어쩔 수 없어. 이제 그만 포기할래.'

막막함과 불안감에 휩싸여 그 자리에 털썩 주저앉고 싶다.

그렇게 상황을 탓하며 멈추려고 할 때 갑자기 허공에 두루마리 종이가 뿅 나타나 펼쳐진다. 종이에 글씨가 쓰여 있다.

"멈추시겠습니까? 동의하시면 멈추기 버튼을 누르시오."

누르려는 찰나 글씨가 바뀐다.

"단, 버튼을 누르면 다시 시작할 수 없습니다."

손을 멈칫하며 망설인다.

"멈추시겠습니까? 정말 포기하시겠습니까?"

다른 사람이 아니라 내가 열쇠를 쥐고 있다

개리 비숍의 《시작의 기술》은 한마디로, "정신 차려, 아직도 의자에 궁둥이 붙이고 생각만 하고 있어? 지금 당장 뛰어나가!"라고 외치는 책이다. 정신이 번쩍 든다. 충격요법이 필요할 때 특효약이다.

어떤 일을 지속하기 어려울 때, 정말로 멈추게 만드는 건 바깥 상황이 아니라 내 동의라고 한다. 다시 말해, "이제 그만 둘래"라고 선언해 버리는 사람은 바로 '나'다. 주변이 나를 못 움직이게 해도, "그래도 할래!"라고 하면 다시 시작할 수 있다.

"언제까지 안전한 곳에서 의지만 다지고 있을래? 바다로 뛰어들어!"

웅크리고 있는 나에게, 내 안의 또 다른 나를 소환했다. 겁 많고 소심한 나도 있지만 과감하고 추진력 좋은 나도 있다. 두려움을 딛고 세상 속으로 뛰어들자. 그 속에 무엇이 있을지는 들어가 보지 않으면 알 수 없다. 꼬르륵 물을 먹더라도 팔을 휘저어 나가자. 눈을 뜨자. 아름다운 물고기와 화려한 산호 옆을 지나가고 있을지도 모른다.

싸우지 말고, 방향을 돌려라

의지와 행동의 간극을 메우는 게 마음가짐, 즉 '단언(宣言)'이다. 《시작의 기술》의 짧고 강력한 단언은 마음에 새기고 입으로 말하면 행동에 힘을 실어준다. 그렇다고 해서 무작정 열정에 불을 붙이기만 하면 되는 건 아니다. 사람 마음이란 게 쉽게 달궈졌다가 식어버리는 법.

"한계를 향해 돌진하지 말고, 방향을 전환해서 원하는 목표로 가 봐!"

개리 비숍은 새로운 목표와 결과를 구체적으로 '제시'하라고 조언한다. 내가 편하게 익숙해진 패턴과 맞서 싸우려 애쓰기보다는, 아예 운전대를 살짝 틀어 방향을 바꾸라는 거다.

"내가 할 수 있을까?" 걱정하는 대신, "이 길로 꺾으면 뭐가 보이려나?" 하는 호기심이 행동을 쉽게 만든다.

뒤돌아볼 새 없이, 한 걸음 떼자

개리 비숍의 《시작의 기술》은 목표한 계획을 실현할 때 가장 힘든 한 걸음을 떼게 해 주는 강력 처방전이다. 그가 딱히 우아한 말로 위로해 주는 건 아니지만, "닥치고 하라"는 직설에 마음이 꿈틀대며 엉덩이가 들린다. 어차피 인생은 시험장도 아니고, 점수를 매기는 사람도 없다. 실패해도 목표는 다시 세우면 그만이다.

팔과 다리를 저어 계속 앞으로 나아가다 보면 언젠가 바닷속 산호와 물고기를 따라 유유히 리듬을 맞춰 유영하는 날이 올 것이다.

5부

철학은
삶에 던지는
작은 돌멩이

프롤로그

철학은 일상에서 시작된다

새해가 밝았다.

달력 마지막 장이 떨어지는 순간, 난 또 한 살을 먹었다는 사실에 깜짝 놀란다. 교복을 입은 내 자식들을 보니 언제 이렇게 자랐나 싶어 시간이 야속해진다.

20대는 가능성의 세계로 걸어 들어가느라 정신이 없었다. 경험의 세계가 넓지 않아 눈앞에 보이는 것을 해결하는 것만으로도 벅찼다. 아이가 태어나고 내 삶은 아이로 가득 찼다. 내 손에 한 생명이 맡겨졌다는 것이 무서웠지만 또한 경이로웠다.

마흔이 되면서 영원할 것 같던 육아기의 절정이 지났다. 모든 것은 탄생하면 절정을 이루고 쇠퇴하며 소멸한다. 최고치로 올랐던 역동성은 둔화되고 잠잠해진다. 정체되어 가라앉으면 가슴에서 신호를 보낸다.

'똑똑! 이제 다른 문을 열 시간이야.'

철학이 뭐 별건가.

어른이 되면 성숙해질 줄 알았는데 마흔이 넘어도 여전히 감정에 서툴고 미숙하다. 갈대처럼 흔들리는 내 모습을 볼 때마다 깊고 굳건한 중심을 갖고 싶었다. 독서는 그 바탕이 되어 준다.

책을 읽다가 좋은 문장을 만나면, 잔잔한 호수에 돌멩이 하나가 톡 던져진 듯, 가슴에 파문이 인다. 수면에 파문이 원을 그리며 넓게 퍼져나가듯 생각이 한껏 펼쳐진다. 그러고 보면 철학은 마음속 잔잔한 호수에 파문을 일으키는 '돌멩이' 같기도 하다.

어릴 땐 철학이라는 단어를 들으면 머리부터 아팠다. 소크라테스, 플라톤, 칸트 같은 이름만 들어도 "윽, 어렵다. 내가 무슨 철학이야." 싶었다. 그런데 뽀드득 솟아오르는 새싹 시절을 지나고 푸릇하게 꽃피우는 청춘도 지나며 인생 2막 시점에 이르고 보니, 길가에 핀 들꽃을 보며 "인생이란 뭘까?" 사색에 잠기게 된다. 민들레 홀씨가 바람을 타고 날아가는 모습을 보며 홀씨가 품은 우주와 접속하게 된다.

==삶의 주기도, 관계도 꽃이 피고 지는 사계절을 닮았다.== 그 과정을 우리는 넓어졌다 갇히기를 반복하며 걸어갈 뿐이다.

고개 들어 넓은 세상을 바라볼 시간.

우리는 매일 나이 들어간다. 그렇지만 철학이란 망원경을 통해 세상을 넓게 보면, 꽃이 피고 지는 사계절 속에서 나도 새롭게 피어나고 있다는 사실을 깨닫게 된다.

갈대처럼 이리저리 흔들려도, 어딘가에는 내 뿌리를 깊이 내릴 수 있는 땅이 분명히 있을 거다. 그 땅을 찾는 여정이 바로 독서이고, 사유가 아닐까.

오늘, 잔잔한 호수에 돌멩이를 던지는 마음으로 한 권의 책을 펼쳐 보자.

돌멩이가 던진 작은 질문에 답을 찾다 보면, 어제보다 한 뼘 더 자란 나를 마주할 수 있을 것이다.

인생의
연금술을 찾아서

《연금술사》 파울로 코엘료 지음, 최정수 옮김 / 문학동네

《연금술사》를 처음 읽은 2004년에는 솔직히 별 감흥이 없었다. 베스트셀러라서 일단 읽긴 읽었는데 깊게 와 닿진 않았다. 그런데 15년이 지나 다시 펼쳐 보니 전혀 다른 느낌이었다. 꿈, 성장, 자신만의 길을 찾아가는 산티아고가 마치 나 같아서 가슴이 뛰었다. 아름답고 정제된 문장은 맑은 샘물처럼 쏟아져 들어와 내 마음을 적셔 주었다.

바람의 자유를 부러워하지 말고, 바람과 함께 춤을 추리라

주인공 양치기 산티아고는 어디로든 갈 수 있는 바람의 자유가 부러웠는데 문득 자신 역시 그렇게 할 수 있다는 사실을 깨닫는다. 그는 스페인의 작은 마을을 떠나 아프리카에 도착한다. 그리고 보물을 찾으러 사막을 건너 이집트의 피라미드를 찾아가는 동안 많은 사람을 만난다. 피라미

드에 도착한 산티아고는 그가 애타게 찾아다녔던 보물이 자신이 떠난 마을에 있다는 것을 알게 된다.

긴 여정에서 많은 것을 배우고 경험한 산티아고는 깨닫는다. 납을 금으로 만드는 연금술처럼, ==보물을 찾아가는 과정에서 상처 받고 치유 받고 사랑한 모든 것이 납을 금으로 바꾸는 삶의 연금술이었다.==

나는 보물을 찾아 나선 탐험가야!

전업주부에서 10년 만에 다시 그림을 시작하면서 그림 작가로서 정체성을 어디에 두어야 할지 고민이 되었다. 웹툰 작가? 이모티콘 작가? 아니면 일러스트레이터로 올인 해야 할까? 눈에 띄는 대로 다양한 그림 분야를 도전해 보면서도 중요한 조각 하나가 빠져있다는 느낌이 들었다. 열심히는 하는데 걸음이 더디고, 나아가려다 자꾸 뒷걸음치는 내 모습이 보였다. 《연금술사》를 읽으며 알았다. 사실은 가혹한 시험이 무서웠던 거였다. 성공 신화를 이룬 사람은 용기 있게 도전하고 고난을 이겨낸다. 그들의 모습을 꿈꾸고 부러워하지만 정작 나는 가혹한 시험을 치르고 싶어 하지 않았다.

어느 날 도서관에서 그림 수업을 할 기회가 생겼다. '내가 누군가를 가르친다고? PPT 자료 한 번 만들어본 적 없는데, 사람들 앞에 서는 건 또 얼마나 떨릴까?' 머릿속에 걱정과 불안감이 가득 찼다. 하지만 그동안 '못 한다'며 물러섰던 기회들이 얼마나 많았던가. 그렇게 흘려보낸 시간 속에서 남은 건 정체되고 움츠러든 내 모습이었다.

"무언가를 진심으로 원한다면, 온 우주가 나를 도와준다."는 문장에 마음이 열렸다. 우주가 내민 손을 잡는 건 내 선택이다. 아이를 키우면서 내 자아를 꽁꽁 묶어놨다면, 이제 그 결박에서 빠져나갈 때다.

'그래, 한번 해 보자.' 마음을 다잡고 매주 열심히 수업을 준비했다. 첫 수업이라 미숙했지만, 타인의 성장을 진심으로 응원하는 마음이 전달되었을까. 수업이 끝나는 날, 한 수강생이 다가와 말했다.

"수업 너무 좋았어요. 도움이 많이 되었어요. 감사드려요."

그리고 한아름 예쁜 꽃다발을 안겨 주었다.

새벽과 함께 깨어나는 나의 꿈

이른 아침에 일어나 책을 읽다가 창문 밖을 보니, 어둑한 하늘이 서서히 빛을 머금고 있었다. 그 하늘이 조금씩 밝아지듯, 내 꿈도 다시 눈을 뜨는 느낌이다. 하늘이 활기를 띠듯, 새 마음이 일어난다. 그 경이로운 새벽의 빛 속에서 다짐한다.

"이제 두려움을 한 모금 삼키고 걸어 보자."

내 안에 잠자고 있던 열정과 용기는 한 번쯤 흔들려야 더 단단해진다는 것을, 이제는 잘 알고 있으니까.

==꿈은 종착역이 아니라 과정 자체다.== 꿈이라는 목적지는 또 다른 출발과 맞닿아있다. 끝과 출발, 그 사이를 걸어간다. 그리고 나는 이제 '나만의 신화'를 살아 낼 준비가 된 듯하다.

새로운 춤을
나다운 리듬으로
《이어령의 마지막 수업》 김지수, 이어령 / 열림원

죽음이 가르쳐 준, 삶을 더 뜨겁게 사는 법

　몇 해 전, 시어머니가 요양병원에서 산소 호흡기에 의지해 누워 계시던 모습이 아직도 선명하다. 부산 형님네에서 연락을 받고 남편과 급히 비행기를 탔다. 중환자실에 누워 계신 어머니를 보고 집으로 돌아왔는데, 불과 이틀 만에 별세 소식을 들었다. 삶에서 처음 맞닥뜨린 가까운 이의 죽음이었다.

　그 뒤로 남편 쪽 친척 어른들이 한 분, 두 분 세상을 떠났다. 그럴 때마다 내 마음을 단단하게 받치고 있던 지지대가 하나씩 덜컥 내려앉는 기분이었다. 부모의 시간이 얼마 남지 않았구나. 세상의 중심인 양 위풍당당하게 설쳤던 우리가 그들의 자리로 가고 아래 세대가 우리 자리로 오는구나. 산의 정상을 넘으면 내려가야 하듯이 삶도 그러하구나.

《이어령의 마지막 수업》은 죽음과 삶이 분리되지 않고 서로 맞닿아있다고 말한다. 우리는 종종 "아직 멀었어."라고 스스로 위로하지만, 사실 삶과 죽음은 그렇게 단순한 선 위에 놓인 것이 아니었다. 그건 언제든 맞닥뜨릴 수 있는 현실이었고, 바로 내 옆을 스쳐 지나갈 수도 있는 것이었다.

　얼마 전, 내게도 작은 사건이 하나 있었다. 사레가 걸려 숨이 막혔던 순간이었다. 그냥 별것 아닌 마른안주 한 조각이었는데, 갑자기 목이 꽉 막히면서 가슴이 조여 왔다. 눈앞이 캄캄해졌다. '이러다 진짜 죽을 수도 있겠구나.' 온몸이 두려움으로 얼어붙었다. 다행히 가까스로 숨이 트이고 나서야 겨우 안정을 찾았지만, 그 몇 십 초가 어찌나 길고 아찔하던지.

　그 일을 겪고 나니, 지금 숨 쉬고 있다는 사실이 기적처럼 느껴졌다. 하루하루가 새롭게 보이기 시작했다. 마치 삶이 다시 색을 찾은 것 같았다.

　그동안 나는 죽음이 내 일은 아니라고, 아직은 살아갈 시간이 충분하다고 착각했다. 죽음이 대단한 암시를 주면서 오는 게 아닌데 말이다. 만약 내일 죽게 된다면, 무엇을 후회할까? 어떤 사람을 만나고, 어떤 순간이 소중해지고 무엇을 해 보고 싶을까? 그런 질문들이 머릿속을 가득 채웠다.

나만의 이야기로 뜨겁게 살아가기

이어령 선생님은 죽음은 우리를 위협하는 그림자가 아니라, 오히려 지금, 이 순간을 더욱 빛나게 해 주는 스포트라이트라고 말한다. 죽음과 마주할 때, 우리는 살아 있음의 축복을 비로소 선명하게 느끼는 거라고. 어쩌면 우리의 두려움은 죽음 자체가 아니라, 충분히 살아 보지 못한 데서 오는 것인지도 모른다.

삶은 흘러가는 것이 아니라 스스로 만들어가는 것이다. 그래서 오늘이라는 무대 위에서, 나만의 리듬으로 춤추듯 살아야 하는 게 아닐까. 서투르면 어떤가. 중요한 건, 내가 지금 이 순간을 충분히 뜨겁게 살고 있는가이다. 그리고 훗날 후회 없이 미소 지을 수 있는가이다.

이어령 선생님은 죽음의 문턱에서 도망치지 않고 죽음을 정면으로 마주하며 남는 이들에게 삶의 지혜를 전해 주고 떠났다.

책장은 덮었는데 이어령 선생님의 깊고 예리한 눈동자가 사라지지 않고 묻는다.

"너, 존재했어? 너답게 세상에 존재했어? 너만의 이야기로 존재했어?"

절망 속에서도
희망은 피어난다

《죽음의 수용소에서》 빅터 프랭클 지음, 이시형 옮김 / 청아출판사

삶이 우리에게 의미를 물을 때

살아간다는 것은 사건의 연속이다. 좋은 일만 일어나지 않는다. 때로는 내가 통제할 수 없는 상황에 휩쓸려 내동댕이쳐지기도 한다. 빅터 프랭클의 《죽음의 수용소에서》는 나치 강제수용소에서 부모, 형제, 아내를 잃고도 삶의 의미를 찾아내어 살아 낸 기록이라 그 무게가 한층 묵직하게 다가왔다.

그는 어떤 상황에서도 '살아갈 이유'를 만들 수 있다면 인간은 거의 불가능해 보이는 고난도 견뎌낼 수 있다고 말한다. 그리고 삶의 의미를 찾는 세 가지 방법을 제시한다.

첫째, 무언가를 창조하거나 자신이 가치 있다고 믿는 일을 하기.

둘째, 아름다운 것을 체험하고 누군가를 유일한 존재로 만나며 감동하기.
셋째, 피할 수 없는 시련 앞에서 어떤 태도로 반응할지를 스스로 선택하기.

잃은 줄 알았던 것들

그가 재차 강조한 '살아갈 이유'는 우리 가정을 돌아보게 했다. 나와 남편은 만화 화실에서 선후배로 만나 가정을 꾸렸고, 오랜 시간 함께 그림을 그리다 아이를 낳으면서 나는 전업주부가 되었다. 외벌이 남편은 학습지와 학습만화 분야에서 자리를 잡아 성실히 일했지만, 코로나 이후 큰 계약이 무산되고 일이 급격히 줄면서, 예상치 못하게 가정경제가 흔들리기 시작했다.

몇 년을 버티다 결국 살던 아파트를 정리하고 작은 빌라로 이사하게 되었다. 아이들이 다니던 학원도 전부 끊어야 했다.

'우린 괜찮을 거야, 다시 시작하면 돼', 스스로 다독였지만, 이삿짐을 옮기던 날 속상한 마음은 감출 수 없었다. 이사하고도 남은 빚, 좁은 공간, 줄어든 수입, 달라진 일상 속에서 나도 모르게 자주 울적해졌다.

그러던 어느 날, 남편이 말했다.

"우리, 가끔 주말에 집에서 고기 구워 먹자. 자기 좋아하는 복분자도 한 잔 하고."

캠핑족인 언니에게서 버너와 불판을 얻어왔다. 남편은 불판에 고기를 굽고, 아이들은 병아리처럼 받아먹고, 우리는 웃으며 이야기했다. 준비하고 치우는 일이 번거롭긴 했지만, 그런 소박한 식탁 위에서 많은 대화와 웃음이 오갔다. 이사를 하고 우리 가족은 더 돈독해졌다. 학원을 다 끊고 집에서 뒹굴던 아이들은 1년쯤 지나자 스스로 말했다.

"엄마, 나 수학은 학원을 좀 다녀야 할 것 같아."

그 순간 깨달았다. 내가 믿던 교육의 방식이 무너진 줄만 알았는데, 아이들은 스스로 선택하고 자라는 법을 배우고 있었다. 남편에게 말했다.

"예전보다 형편은 안 좋지만, 훨씬 행복해."

"나도 그래. 그리고 기다려 봐. 다시 점프 할 거야"

파도가 일어나면 파도를 타고 가자

나는 한때 삶의 의미를 내 자식에게서 찾는 실수를 저질렀다. 하지만 쓰라린 시간을 지나며 깨달았다. 삶의 의미는 외부가 아니라, 바로 내 안에서 찾아야 한다는 것을.

가족과 함께 보내는 시간이 쌓이면서, 내가 잃었다고 생각했던 의미들을 다시 그려가고 있다. "어떤 순간에도, 어

==떤 사람이 될 것인지 선택할 자유가 나에게 있다.==" 빅터 프랭클이 수용소 속에서도 놓지 않았던 '삶의 의지'를, 이제는 나도 품고 살아간다.

삶은 꼭 크고 멋진 일들로만 채워질 필요가 없다. 파도가 일어나면 파도를 타고 가자. 삶이 우리에게 의미를 묻는다면, 책임 있는 마음으로 진심을 다해 대답하자.

삶은 폐허 속에서도, 희망이라는 새싹을 틔운다.

꼬부랑 할머니가 되어도
하고 싶은 것들

《아직 오지 않은 날들을 위하여》 파스칼 브뤼크네르 지음, 이세진 옮김 / 인플루엔셜

아직 오지 않은, 결국은 오고야 말 날들

얼마 전 아들과 '10년 후의 나'에 대해 이야기하다가 문득 깨달았다. 내 삶은 이미 그 너머를 향해 가고 있구나. 아이는 30년 후를 상상하기 힘들다지만, 나 역시 그 나이 땐 40대, 50대의 내 모습을 도저히 그려 볼 수 없었다. 그런데 이제는 10년 후뿐만 아니라 20년, 30년 후까지도 생각하게 된다. 단순히 나이만 먹는 게 아니라, 나이 들어가는 방식을 스스로 만들어 가고 싶으니까.

넌 어떤 할머니가 되고 싶어?

《아직 오지 않은 날들을 위하여》에서 저자는 인생이 "화살처럼 직선으로 날아가는 것이 아니라, 겹겹이 쌓이는 시간의 밀푀유 같다."고 표현했다. 순간순간이 겹치며 지금

의 나를 만든다는 뜻이다. 그래서 반복되는 일상 속에서도 무심코 흘려보내는 시간을 줄이고, 새로운 의미를 발견하라고 한다. 하긴 같은 길을 걸어도 어느 날은 바람 냄새가 다르고, 가로수에 새싹이 돋아나는 게 보인다. 우리는 흔히 특별한 사건이 있어야 삶이 달라진다고 생각하지만, 실은 그런 ==작은 변화를 포착하는 시선이 일상을 더 풍요롭게 만든다.==

언젠가 독서 모임에서 노년의 삶에 대해 이야기를 나눈 적이 있다. 디자인 회사에 다니며 그림을 그리고 간간이 전시회도 하는 한 회원이 75세에 그림을 시작해 101세까지 미국의 국민화가로 불렸던 모지스 할머니를 소개하며, 자신도 훗날 여력이 된다면 붓을 들고 그림 그리는 할머니가 되고 싶다고 했다.

"저도 꼬부랑 할머니가 되어서도 그림을 그리고 싶어요. 그리고 도서관 다니는 할머니도 되고 싶어요."

가끔 도서관에 갈 때마다 이렇게 시설 좋고 쾌적한 곳에서 책을 무료로 읽을 수 있다니 얼마나 좋은가 생각했다. 기타 치는 할머니도 좋겠고 손자, 손녀에게 그림을 가르쳐 주고 복지관에서 어르신들 그림 수업을 해도 좋겠다. 눈을 반짝이며 새로운 것을 배우러 다니고 생의 마지막 날까지 재밌게 사는 할머니가 되고 싶다.

다양한 세상에 발 담그기

어릴 때는 호기심을 가지고 쉽게 새로운 것을 시도하지만, 나이가 들수록 자신의 한계를 만들고 제동을 걸게 된다. 하지만 인생 후반전이라고 해서 도전이 끝나는 건 아니다. 나이가 들수록 시간이 줄어드는 대신, 그만큼 더 빛나는 선택을 할 수 있다. 중요한 것은 '왜 굳이?'라는 질문 대신 '왜 안 되지?'라고 생각하는 거다. 그리고 다양한 세상에서 놀아 봐야 한다. 요즘은 평생학습관 등 무료로 배울 수 있는 곳이 널렸다. 관심사가 같은 사람들과의 교류는 일상에 활력을 선사한다. 고기도 먹어 본 놈이 먹는다고, 해 보지 않은 것을 나이 들어서 갑자기 하는 것은 쉽지 않다. 문을 열고 들어가야 다음 문이 보인다.

아들은 아직 30년 후를 상상하기 어렵다고 했지만, 나는 앞으로 남은 시간을 차근차근 준비해 가고 싶다. 아직 오지 않은 날들 속에서 내가 어떤 모습일지는 알 수 없지만, 오늘을 어떻게 살아가느냐에 따라 달라질 것만은 분명하다. 결국 내가 할 수 있는 가장 멋진 준비는, 아직 오지 않은 날들을 위해 겹겹이 쌓이는 오늘을 충실히 살아가는 것일 테니까.

6부

정신적, 경제적
독립을
시작하자

● 소개툰

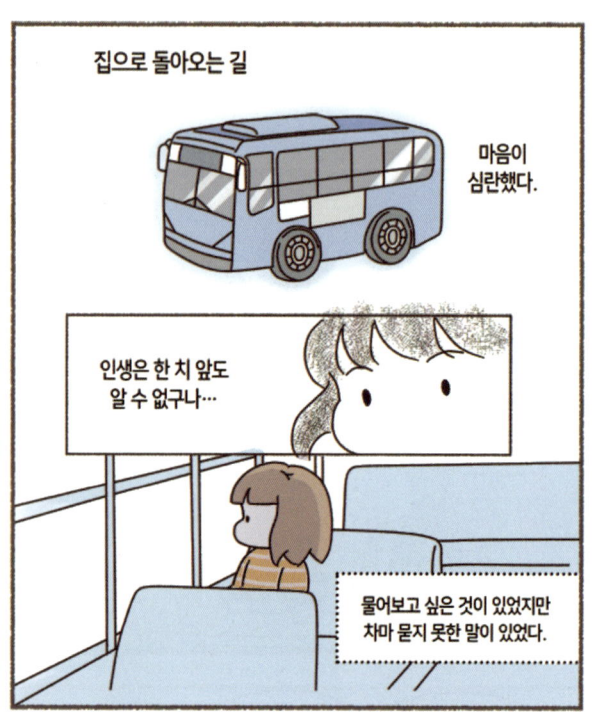

프롤로그

경제적 독립을 시작하자!

수년 만에 만난 J 언니와 헤어지고 버스를 타고 집으로 가는 길, 어둠이 내려앉은 도시 풍경이 오늘따라 삭막하고 쓸쓸하다. 아니, 어쩌면 쓸쓸해 보이는 건 창문에 비친 내 얼굴일지도. 머릿속이 상념으로 가득 찼다. 20대에는 상상도 하지 못했던 40대의 삶이, 각자 다른 모습으로 펼쳐지고 있었다. 언니와의 대화 속에서 끝내 입 밖으로 꺼내지 못한 질문 하나가 마음속에서 맴돌았다. 그 질문은 결국 나 자신을 향했다.

"만약에… 남편에게 무슨 일이 생긴다면, 난 어떻게 살지? 혼자 힘으로 아이들을 잘 키울 수 있을까?"

결혼하고 내내 주부로 살아 온 언니에게 내 모습이 겹쳐졌다. 나 역시 육아하는 10년 가까이 경제적으로 남편에게 기대어 살다 보니, 돈 버는 능력이 마치 안 쓰는 근육처럼 쪼그라들어 버렸다. 애써 남편 없는 미래를 그려 봐도 떠오르는 건 그동안 해 보지 않았던 고된 노동에 파김치가 된 내 모습뿐이었다.

경력단절, 내 자신감을 쓿어가다

아이를 직접 키웠던 30대는 내게 너무나도 소중한 시기였다. 하지만 사회적으로는 경력단절이라는 이름으로 일에서 가장 에너지 넘칠 시기를 흘려보내며, 나의 경제력과 자신감은 바닥까지 떨어졌다. 나만 그런 줄 알았는데, 놀이터에서 만난 엄마들도 하나같이 "한창 일할 나이에 딱 멈춰선 기분"이라며 한숨을 쉬었다. 마치 유통기한이 지난 우유처럼, 우리 존재가 사회에서 쓸모없어진 느낌이었다. 확실한 건 아이들이 자랄수록 돈은 더 들어가고 내 노후는 어느새 성큼 다가와 있다는 사실이다.

삐뽀삐뽀! 머릿속에서 울리는 경고음, 더 이상 외면할 수 없다. 검은 창에 비친 내 얼굴, 굳게 다문 입술에 힘이 들어갔다. 두 주먹을 꼭 쥐었다.

'돈 버는 능력을 키우자. 경제적 독립을 시작하자. 내가 스스로 설 수 있어야 나도, 내 아이들도 지킬 수 있다.'

모르니까 더 배우면 되지

결심은 했지만 내 쪼그라든 경제 능력이 벽처럼 앞을 막았다.

"돈에 대해서 아무것도 모르는 완전 초보인데… 뭐부터 시작해야 하지? 주식이 뭔지, 펀드는 뭔지, 적금 말고 아는 게 없는데…."

막막하지만, 지금 시작하지 않으면 평생 같은 고민만 하며 살 것 같았다. 마치 수영장 가장자리만 빙빙 돌며 '물이 차가울 것 같은데? 수영 배우다 물 먹으면 어떡하지?' 걱정만 하다 끝내 발도 못 담그는 바보처럼.

겁부터 먹는 삶은 이제 그만! 지금부터 배우면 된다. 도서 목록에 경제 서적을 추가했다. 경제 마인드에서부터 돈 관리에 도움이 되는 책들까지 틈틈이 읽기 시작했다. 더 빨리 시작했으면 좋았겠지만 경제에 대한 마인드가 바뀌고 있다는 게 중요하다.

어릴 땐 빨리 어른이 되어 부모로부터 정서적·경제적 독립을 하고 싶었는데, 결혼을 빨리하면서 경제적으로 남편에게 많이 기대어 살아왔다. 이제 누군가에게 의지하는 삶이 아니라, 스스로 선택하고 행동하고 가치를 창출하는 삶을 살고 싶다.

할 수 있다, 세상 공부! 세상의 중심은 나다!

성공하고 싶다면
음식을 절제하라

《절제의 성공학》 미즈노 남보쿠 지음, 류건 엮음 / 바람

눈에 보이지 않지만, 우리는 어떤 기운을 느낀다. 기분이 좋을 때는 가슴에서 시원한 탄산수가 올라오는 것 같고, 기분이 나쁠 때는 목에 떡 하나가 걸린 것처럼 답답하다. 혈관이 막히면 생명이 위험하듯이, 몸속으로 들어온 에너지가 흐르지 않고 막혀 있으면 기운이 처지고 활력이 떨어진다.

일본의 대 사상가이자 운명학자인 미즈노 남보쿠가 "인생의 모든 성공은 절제에서 시작된다."고 말했을 때, 조금 당황스러웠다. '절제라니, 성공은 노력과 재능 같은 단어랑 어울리지 않나?' 책을 다 읽은 후에야 그 말의 깊이를 이해했다. 내 몸과 마음을 다스리는 소소한 습관이 성공의 결정적인 열쇠였다.

《절제의 성공학》은 1812년도에 발간되어 무려 200년 넘은 오늘날까지 살아남았다. 변하지 않는 기본과 가치를

전하는 고전으로, 삶의 밑거름으로 삼을 만하다.

작은 습관, 몸과 마음까지 바뀐다

《절제의 성공학》은 "먹는 것부터 바꿔 보라."는 조언으로 시작한다. 식사 시간이 일정해야 생활 전체가 규칙적으로 돌아가고, 소식을 해야 몸과 마음이 가벼워진다는 원리다. 뷔페에서 본전을 뽑으려 꾸역꾸역 먹던 내 모습이 떠올라 뜨끔하다.

그렇다고 절제가 단순히 먹지 말자는 말은 아니다. 하늘이 준 생명을 잘 돌보고 필요한 만큼 먹고 나머지는 남겨 자연과 타인에게도 기회를 주라는 뜻이다. 그렇게 소박한 태도를 지니면 몸의 기가 맑아지고, 결국 행동까지 바르게 흐른다.

나아가 돈도 같은 이치라고 말한다. 돈 역시 소중히 대하면 더 오래 내 곁에 머무르고, 낭비와 교만이 생기면 곧 떠나 버린다고 한다.

한 끼 식사를 대하는 태도부터 바꾸기

오늘도 어김없이 밥때가 돌아온다. 주부는 항상 먹는 게 고민이다.

"먹을 것도 마땅찮은데 라면으로 때워? 배달시켜 먹

어?"

잠시 유혹에 흔들리다 고개를 저으며 냉장고를 연다.

"에잇, 냉파(냉장고 파먹기)라도 하자."

그래! 소박한 음식으로 감사히 먹자. 하늘이 준 소중한 몸을 아껴야지. 몸과 마음을 가볍게 만드는 작은 습관들이 모이다 보면, 어느새 인생의 흐름이 바뀌겠지.

"성공은 결국 절제에서 피어난다."는 저자의 메시지는 의외로 일상 곳곳에 적용할 수 있다. 과식을 줄이면 머릿속이 맑아져서 일에 집중력이 올라간다. 불필요한 소비를 줄이면 통장에 돈이 조금씩 쌓이고, 미래에 대한 불안감도 한결 가벼워질 것이다.

저녁 시간, 화려하진 않지만 소박한 상을 차려 가족이 먹는 모습을 보니 뿌듯하다.

이런 작은 승리가 쌓여 큰 변화를 만든다는 걸 믿는다.

"오늘도 절제 성공!"

내 아이에게
전해 주고 싶은 돈 이야기

《딸아, 돈 공부 절대 미루지 마라》 박소연 / 메이븐

《딸아, 돈 공부 절대 미루지 마라》는 한 달에 한 번 하는 〈정언 독서 모임〉에서 읽은 책이다. 처음엔 제목이 너무 노골적이라고 생각했다. '딸아, 아들아'로 시작하는 이런 책들, 좀 식상하지 않나? 하지만 막상 읽어 보니, 이 책은 꼭 내 딸한테도 읽히고 싶어졌다. 솔직히 말하면, 나도 좀 더 일찍 읽었으면 많은 도움이 되었을 것 같다.

어릴 때 나는 용돈을 받은 적 없이 필요할 때마다 돈을 타 썼다. '돈 공부'라는 걸 따로 해야 한다는 개념조차 없었다. 성인이 되어서 돈을 벌 때도 저축하는 방법밖에 몰랐다. 그런데 돈을 잘 모으고, 굴리고, 계획하는 건 분명 배워야 하는 기술이었다. 어릴 때 부모님이 돈에 대해 가르쳐 줬다면, 내 경제 관념도 지금과는 많이 달랐을 텐데 하는 아쉬움이 남는다. 나는 돈 공부를 해야 한다는 걸 마흔이 넘어 깨

달았지만, 우리 아이들은 좀 더 일찍 배웠으면 좋겠다.

내가 살고 싶은 미래 그려 보기
"성공 후 뭘 할 건가요?"

저자의 질문에 책장을 넘기던 손끝이 멈췄다. 돈을 막연히 두려워 하는 사람, 혹은 그저 숫자로만 보는 사람이 많다. 하지만 돈을 버는 목적은 결국 원하는 삶을 사는 데 있는 게 아니냐는 질문이다.

선뜻 대답이 안 나온다. 돈을 벌고 싶다고 생각하면서도 정작 돈을 벌고 난 뒤의 삶을 구체적으로 생각해 본 적이 없었다. 정말, 난 성공하면 뭘 하면서 살고 싶지?

일단 내 버킷리스트엔 '유럽 여행 가기'나 '제주도에서 1년 살기' 등이 있다. 마음 맞는 지인들과 여행을 가고, 1년 동안 제주에서 혼자만의 시간을 기록하면서 온전히 작가로서 살아 보고 싶다. 요즘 캐리커처도 그리고 그림 강의를 하면서 지식 자본을 쌓아가고 있다. 이렇게 쌓아가다 보면, 굳이 한곳에 얽매이지 않고 다양한 곳에서 일할 수 있지 않을까.

이런저런 미래를 그려 보다 깨달은 사실.

'아… 나는 돈을 많이 벌어도 놀지는 않겠구나. 다양한 곳에서 즐기고 배우고 경험한 것을 다시 나누면서 살고 싶

구나.'

돈 공부 지금도 늦지 않다

#사는 곳을 바꿔라 #만나는 사람을 바꿔라 #시간을 쓰는 방식을 바꿔라

이 책에서 내가 뽑은 성공 키워드다. 물건을 줄이고 군더더기를 정리하면 생각도 단순해진다. 공부하고 성장하는 사람들과 어울리면 자극이 되고 배우게 된다. 시간은 주어지는 게 아니라 내가 만드는 거다. 인생 지름길이 없다. 한 번 해 보는 거다. 성공한 이들은 다 그렇게 걸어갔다. 나라고 새로운 길을 못 낼 이유는 없다.

앞으로 살고 싶은 삶을 그려보니 지금부터 준비해야 할 계획들이 나온다. "언젠가 갈 거야!"라는 바람만 있으면 평생 닿을 수 없다. 기간을 설정하고 돈을 모으면서 준비해야 한다.

책의 조언대로 돈 공부를 하면서 차근차근 준비해 나간다면, 10년 후에는 제주의 하늘을, 유럽의 하늘을 만날 수 있겠지.

꿈을 이루어 가는 엄마의 모습을 아이들에게 보여 주고 싶다.

7부

더 단단한
내가 되기 위한
글쓰기

● 소개툰

프롤로그

독서와 쓰기는 성장의 환상 짝꿍

"글을 잘 쓰려면 어떻게 해야 합니까?"

이 질문에 《태백산맥》의 조정래 선생님은 이렇게 답했다.

"다독, 다작, 다상량."

많이 읽고, 많이 쓰고, 많이 생각하라는 말씀이다. 새로울 것이 없는 비법이지만 이 사실을 새롭게, 늘 새롭게 꾸준히 하면 글 잘 쓰는 사람이 될 수 있다고 하셨다. 말은 쉽다. 원래 진리는 너무 쉽고 뻔하다. 말과 실천의 간극이 클 뿐!

나는 스물다섯에 만화가로 데뷔했지만, 스토리를 짜는 게 쉽지 않았다. 머릿속에서 뭔가 떠오르긴 하는데, 막상 그걸 풀어내려면 어려웠다. 머리에 든 것이 부족하다는 것을 프로가 되어 현장에 들어가서야 뼈저리게 느꼈다.

어릴 때 만화책만 보지 말고 독서를 다양하게 할 걸. 독서록도 쓰고 글도 많이 쓸걸. 후회해 봤자 소용없지만.

'모든 콘텐츠는 글에서 출발한다.' '창작자는 글을 쓸 줄 알아야 한다.' 어느 글쓰기 강연에 명사로 오셨던 방송작가님이 하신 말씀이 가슴에 인이 되어 박혔다.

일상 기록은 나만의 보물창고

웹툰 작가가 되고 싶다는 딸이 나처럼 훗날에 후회하지 않으면 해서 "책 많이 읽어라, 글 써라." 잔소리를 던지지만 아이는 마냥 태평하다. 알고 있다. 성장은 스스로 절실할 때 일어난다는 것을. 딸만 그러한가. 나도 마찬가지다.

노벨문학상을 받은 한강 작가의 하루 루틴을 읽은 적이 있다. 하루에 소설책 한 권, 시집 한 권을 읽고, 운동을 한 시간 이상을 한다고 한다. 그러면서 글까지 쓴다고? 그게 가능한가? 나로서는 엄두가 안 나는 미친 루틴이다. 작가로서의 소명의식이 끊임없이 배우고 공부하는 치열한 하루를 만드는 거겠지. 다시 작가로 살아 보기로 마음을 먹었지만 이런저런 핑계를 대고 있는 나, 반성할지어다.

일상은 커다란 모래시계 같다. 정신없이 살다 보면 어느새 모래알이 아래로 다 흘러내려 버린다. 하지만 작은 메모 습관이 있으면 모래알 한 줌을 촘촘하게 붙잡을 수 있다.

어떤 날은 카페에서 들었던 대화 한 줄이, 또 어떤 날은 아이와의 사소한 실랑이가 멋진 스토리가 되기도 한다. 그렇게 쌓인 기록들은 나만의 든든한 보물창고가 된다.

일상에서 반짝이는 모래알 찾기

조정래 선생님 말씀이 맞았다. 많이 읽고, 많이 쓰고, 많이 생각하는 것 외엔 왕도가 없다. 메모하고 글을 쓰다 보면, 평범한 순간도 그냥 흘러가지 않는다. 아니, 애초에 '평범한 순간' 같은 건 없다는 걸 알게 된다.

글쓰기는 무심히 떨어지는 모래알 속에서 사라질 뻔한 찰나를 건져 올리는 일이다.

그러니 일상의 모래알이 흩어지기 전에 촘촘한 채반을 받쳐보자. 걸러진 것들을 들여다보자. 그동안 보지 못했던 주름과 풍부한 색감을 발견할 수도 있을 것이다.

의지는 쓰레기통에
중요한 건 시스템이야

《매일 아침 써봤니?》 김민식 / 위즈덤하우스

김민식 작가의 《매일 아침 써봤니?》는 내게 글쓰기 습관을 가져다준 고마운 책이다. 집중 육아기에 나는 많이 흔들렸다. 행복하다가도 금세 지치고, 충만함과 허전함이 뒤섞이는 날들이 이어졌다. 불쑥 화가 치밀거나, 이유 없이 우울해졌다. 도대체 이 감정들을 어디서부터 풀어야 할지 답답했다.

어린 시절의 나와 부모님 이야기를 글로 쓰기 시작했다. 한 걸음 물러나 소설을 쓰듯 객관적인 시각으로 글을 써 보니 삶의 무게가 가득한 부모가 보이고 불안과 외로움, 상실감으로 무력했던 안쓰러운 어린 나를 안아줄 수 있었다.

글쓰기가 내 삶에 끼친 변화들

글쓰기는 단순히 감정을 정리하는 걸 넘어서, 새로운

삶을 열어가는 도구가 되기도 한다. 김민식 작가는 원치 않게 일을 쉬게 되면서 '세상이 내게 일을 주지 않을 때, 난 뭘 할 수 있지?'라는 질문을 던졌고, 그 답을 글쓰기에서 찾았다고 한다. 그는 블로그에 글을 쓰면서 독자들과 소통했고, 그 과정에서 강연과 책 집필 기회가 찾아왔다. 결국 글이 또 다른 일과 수익, 그리고 의미 있는 삶으로 연결된 것이다.

그는 글쓰기가 단순한 기록이 아니라 생각을 정리하고 감정을 다듬으며 삶의 중심을 잡아가는 과정이라고 말한다. 나도 처음엔 무엇을 써야 할지, 내밀한 내 마음까지 써도 될지 고민되었지만 한 줄 두 줄 써 내려가다 보니, 끈질기게 붙잡고 있던 불안이나 수치심도 '아, 별거 아니었네?' 마음이 가벼워지는 순간이 왔다. 사람들은 내가 평생 끌어안은 비밀에 관심이 없구나. 표현해도 괜찮구나. 오히려 위로해 주고 공감해 주는구나. 불안한 감정의 실체를 알고 나니 더 이상 무섭지 않았다.

한 발 더 나아가 처음으로 글쓰기 챌린지도 신청했다. 글로성장연구소에서 66일 동안 일요일 없이 매일 글쓰기를 해서 카페에 인증하는 챌린지였다. 용기 내어 챌린지를 시작하고 아침에 일어나자마자 컴퓨터 앞에 앉아 글부터 썼다. 고요한 새벽은 글쓰기 더할 나위 없이 좋은 시간이었다. 그 전에는 바빠서 글 쓸 시간이 절대 안 날 것 같더니 막상

해 보니 의지와 우선순위의 문제였다. 위기가 몇 번 왔지만 결국 66일 챌린지에 성공했다. 그해 1년 동안 200일 가까이 글을 썼다.

직접 해 보니 매일 글쓰기는 마라톤처럼 지구력을 키우는 일이었다. 힘든 만큼 성취감도 컸고 글을 꾸준히 쓰면서 내 감정을 들여다보는 힘이 생겼다. 작은 일에도 휘청거리던 마음이 조금씩 단단해져 갔다. 이제는 '나'에게 기준을 맞추고, 문제의 본질을 보려고 노력한다. 아이들과 '부모 자식'이 아니라, 독립된 한 사람으로서 마주하려고 한다. 이 모든 변화가 글쓰기를 통해 조금씩 자리를 잡아가고 있다.

글쓰기로 피어나는 나

요즘은 가방, 주얼리 할 것 없이 몰라볼 정도로 진짜 같은 짝퉁이 판을 치지만, 그럼에도 명품이 빛나는 이유는 오래 쌓아온 브랜드만의 철학과 스토리가 있기 때문이라 생각한다. 어제의 나와 오늘의 내가 다르고 나는 계속 변한다. 그 변화의 섬세함을 건져 올리자.

내 안에 잠들어 있는 이야기를 깨울 시간이다.

음식을 먹으면 소화를 통해 영양분이 만들어지듯
책을 읽고 쓰면 생각과 사유가 자란다.

나만의 시선이 만들어지는 시간이다.

구경꾼이 아닌 생산자 되기

《읽고 쓴다는 것, 그 거룩함과 통쾌함에 대하여》 고미숙 / 북드라망

책장에 꽂힌 책을 한 권 꺼내 들었다. 제목을 본다. 눈썹이 꿈틀거린다. 알쏭달쏭하다.

"이거 읽었었나?"

책장을 넘겨보니 색색이 형광 줄은 쳐져 있는데, 내용이 전혀 기억이 안 난다. 한숨이 난다. '나 머리가 나쁜가. 어떻게 기억이 하나도 안 나냐…' 꽤 많은 책을 읽었는데도 삶이 크게 달라진 것 같지도 않고, 시간 낭비한 것 같아 꿀꿀해진다.

독서 모임에서 《읽고 쓴다는 것, 그 거룩함과 통쾌함에 대하여》을 읽고 알았다. 그동안 내가 독서를 '급하게 먹기' 식으로 했었다는 걸!

맛있는 음식을 씹지도 않고 대충 삼켜 버리면, 아무리 좋은 영양소라도 몸에 흡수되지 않는다. 독서도 마찬가지다.

좋은 문장을 만나도 충분히 곱씹지 않고 책을 후딱 넘기니 마음의 양식이 되기도 전에 똥이 되어 배출되어 버린 거다.

천천히 씹어 글로 소화하는 즐거움

"천천히 씹어라. 그리고 글로 다시 정리해라. 그래야 진짜 네 것이 된다!"

"읽은 후에 쓰는 게 아니라, 쓰기 위해 읽어라."

고미숙 선생님은 안 좋은 내 독서 습관에 솔루션을 주고 독서의 관점을 바꿔 주었다.

무심코 펼친 책이 내 삶에 작은 파동을 일으키고, 그 울림을 글로 다시 표현하는 과정에서 내 것이 된다는 뜻이리라. 그렇게 하면 단순히 '책을 소비하는 사람'이 아니라, 스스로 생각하고 질문을 던지는 '생산자'가 될 수 있겠다.

밥을 먹자마자 또 먹으면 속이 더부룩하다. 책도 계속 읽기만 하면 머릿속이 꽉 차 버린다. 배가 고파야 음식이 더 맛있듯, 마음에도 여백이 있어야 문장 하나가 제대로 스며든다.

글쓰기는 마음에 여백을 만들어 소화를 돕는 최고의 방법이 아닐까? 막상 써 보면, '어? 나 이런 생각도 했었네?' 나도 몰랐던 내 속마음이 튀어나온다. 그렇게 정리된 문장들이 쌓이면, 내가 진짜 원하는 삶과 가치가 뚜렷해진다.

'나는 작가도 아닌데 글을 꼭 써야 해?'라는 생각을 할 수 있다. 하지만 사람은 누구나 나만의 이야기를 써야 한다. 글을 써 보면 알게 된다. 머릿속을 어지럽히는 생각과 감정을 정리하고, 내 목소리를 또렷하게 찾는 과정은 삶의 나침반을 만드는 일이라는 걸. AI가 글도 써 주고 그림도 그려 주는 디지털 혁명 시대에 필요한 인재는 질문하고 찾아내고 연결하는 디렉터(감독)이다. 이때 필요한 능력이 '생각력'이다. 생각력을 키우는데 독서와 글쓰기만큼 좋은 방법이 또 있을까.

책을 맛있게 먹는 방법

우리는 늘 '빨리빨리'에 익숙하다. 정보가 넘쳐나는 세상에서 하나라도 놓칠세라 빨리 읽고, 빨리 끝내고, 빨리 다음으로 넘어가야 한다는 강박. 하지만 책과 글쓰기는 속도가 아니라 곱씹는 시간과 깊이가 중요하다. 밥을 꼭꼭 씹을수록 단맛이 느껴지듯, 좋은 문장을 제대로 음미하면서 책을 읽어야 맛있다.

몇 년 전, 동네 카페에 모여 독서 모임을 할 때 책갈피를 만든 적이 있다. 앞면에는 캐릭터를 그리고 뒷면에는 좋은 문구를 적어서 회원들에게 선물로 나눠줬다. 책갈피에 썼던 명언을 이 책에서 다시 만나 반가웠다. 그리고 이제야

프루스트의 명언을 제대로 이해한 것 같다.

'지혜가 끝나는 곳에서 우리의 지혜가 시작된다'
– 프루스트

노트를 키우면 생각도 커진다
《거인의 노트》 김익환 / 다산북스

첫 번째, 기록을 잘하고 싶다. 두 번째, 기록하는 방법을 알고 싶다. 세 번째, 기록형 인간으로 업그레이드하고 싶다. 《거인의 노트》를 읽은 세 가지 이유이다. 〈김교수의 세 가지〉 유튜브를 구독하면서 독서 방법과 독서 기록이 얼마나 중요한지 알게 되었다. 몇 년간 1년에 100권을 목표로 치열하게 읽을 때도 있었지만, 시간이 지나니 막상 기억나는 책이 없었다. 김익환 교수님은 대부분의 사람이 그렇다고, 독서 방법을 바꾸면 양질의 독서가 가능하다고 했다. 의도적인 계획과 효율을 높이는 시스템을 배우기만 하면 된다는 말씀이다.

기록, 요약, 그리고 내 서사 만들기

의도적인 계획과 효율을 높이는 시스템, 이거였다. 계

획형 J가 되고 싶었던 욕구는 바로 이 '시스템'에 대한 갈증이었다. 남편처럼 계획형 성향이라면 자연스럽게 순서가 떠오르고 효율적으로 움직이겠지만 나처럼 즉흥적인 사람도 계획적으로 사고하는 방법을 배우면 되는 거였다.

《거인의 노트》는 지식을 효과적으로 저장하고 꺼내 쓸 수 있는 '노트 시스템'을 소개한다. 핵심은 "읽고, 되뇌고, 쓰라"는 간단하면서도 강력한 공식이다. 순간 떠오르는 생각은 메모로 잡고, 그걸 쭉 이어서 하나의 주제로 묶어본 뒤, 다시 글로 옮기는 것이다. 이 과정을 반복해야 장기 기억도, 생각 근육도 단단해진다고 한다.

메모를 모으고 요약하며, 매일 한 번씩 의식적으로 생각을 더하는 습관을 가진다면 평소엔 흘려버릴 사소한 아이디어도 내가 원하는 형태로 재탄생할 수 있겠다.

교수님은 손으로 쓰는 다이어리를 추천하지만, 본인에게 맞는 방법이면 무엇이든 괜찮다고 했다. 나는 몇 달 다이어리를 써 보았지만, 지속이 어려워 온라인으로 기록 방법을 바꿨다.

여러 방법으로 기록하다 찾은 나만의 방법 세 가지.

☑ 첫 번째. 마이크로소프트 TODOLIST 앱으로 오늘 할

일을 체크하는 것이다. 생각날 때 바로 체크하고 완료한 일은 목록에서 지울 수 있다.
- ☑ 두 번째. 마인드맵 그리기다. 나는 싱크와이즈 마인드맵 프로그램을 쓰는데 일의 전체 구성과 맥락을 잡을 때 도움이 된다.
- ☑ 세 번째. 노션으로 모든 글을 하나로 모으는 방법이다. 출간 글도, 인스타툰 글도, 아이디어도 노션에 주제별로 폴더를 만든다. 컴퓨터, 노트북, 패드, 핸드폰이 모두 연동이 되니 지하철을 타고 가다가 생각이 떠오르면 핸드폰 노션 앱을 열고 바로 메모를 하고 집에 와서 컴퓨터로 정리를 하면 수월하고 간편하다.

나만의 기록으로 인생 2막 열기

메모는 그냥 적어 두면 끝이 아니라, 내 일상과 연결될 때 비로소 빛을 발한다. 몇 년 전 인스타툰을 시작하면서 처음엔 그저 그리는 게 재미있었는데 갈수록 좀 더 의미 있는 메시지를 담고 싶어졌다. 《거인의 노트》가 제시한 '의도적인 기록' 습관은 바로 이 고민을 풀어 줄 무기가 될 듯하다. 매일 소소한 메모를 모아 내 생각을 요약하고, 거기서 이야기를 만들어간다면, 독자들에게 공감과 울림을 주는 콘텐츠를 만들 수 있겠지.

8부

일상 속
반짝임
발견하기

● 소개툰

프롤로그

파랑새는 내 안에 있다

아이를 키우면서 수많은 육아서를 읽었다. 책들은 한결같이 "조건 없이 아이를 사랑하라."고 말했다. 당연한 이야기 아냐? 라고 생각했지만, 현실 육아에서는 그 당연한 게 너무 어려웠다.

"널 사랑해." 입으로는 그렇게 말하면서도 내 눈빛과 행동은 다른 메시지를 보내고 있었다. '네가 잘하면 사랑을 줄게.'라는 무언의 교환을 요구했다. 아이가 예쁜 짓을 하지 않을 때도 예뻐해야지, 머리로는 이해하면서도 가슴은 따라가지 못했다. ==나의 사랑이 간장 종지만큼 밖에 되지 않는다는 사실을 마주할 때마다 괴로웠다.==

문제가 뭘까? 한 발짝 물러나 아이와 관계를 진지하게 생각해 보니 내가 아이에게 너무 가까이 다가가 있었다. 너무 다가간 만큼 아이의 세계가 좁아지고 경직되었다. 관계의 거리가 너무 가까우면 불씨가 튄다. 스파크가 일고 불꽃이 옮겨붙어 서로를 태워 버린다. 반대로 너무 멀리 떨어지면 사랑의 온기를 느낄 수 없다.

조건 없는 사랑, 나에게 먼저 주기

나는 아이에게만 시선을 두고 있었다. 아이를 조건 없이 사랑하기 위해 애쓰면서도 정작 나 자신은 온전히 사랑하지 않았다. 미숙한 나, 실수하는 나, 바보 같은 나를 인정하지 않으려 했다. '좀 더 잘하고 노력해야 괜찮은 사람이 될 거야'라는 조건을 걸고 있었다.

사랑과 미움은 공존할 수 없다. 기쁨과 절망도 공존할 수 없다. 기쁨을 모르면 기쁨을 가르칠 수 없다. 사랑을 받지 못한다고 느끼면서 사랑을 줄 수는 없다. 기쁨과 사랑은 말로 가르치는 게 아니라 표현하는 거다.

솔직해지자. 그동안 나는 유년의 결핍을, 육아서를 읽으며 채우려고 했다. 사랑을 욱여넣듯이 외우려고 했었다. 마치 새장 속의 새가 하늘의 자유를 가르칠 수 없듯이, 나 자신을 사랑하지 못하면 아이에게도 온전한 사랑을 줄 수 없는데. ==날고 싶은 새에게 필요한 건 "날아라!"라는 말이 아니라, 먼저 날아오르는 내 모습==인데 말이다.

일상에서 반짝임 찾기

아침 알람이 울린다. 화장실에 들어가 세수를 하고 거울을 본다. 무표정한 얼굴. 가만히 입꼬리를 올려 본다. 훨씬 낫다. 같은 얼굴인데도 웃는 얼굴이 몇 배는 예뻐 보인다.

따뜻한 물 한 잔을 마시며 오늘 할 일을 떠올린다. 어제와 비슷한 하루를 보내겠지만, 다시 올 수 없는 유일한 오늘이다. 평범한 오늘이 얼마나 소중한지 일상이 깨지면 단박에 알게 된다.

우리의 삶은 밝은 햇살만 비치지 않는다. 갑자기 소나기가 오거나 거센 폭풍우가 몰아치기도 한다. 그 누구도 오늘의 날씨를 고를 수 없지만, 그 속에서 무엇을 볼지는 선택할 수 있다. 폭풍우 위에 맑은 하늘을, 폭풍우가 지나고 난 뒤의 무지개를 떠올릴 수 있다. 그림자를 지울 수는 없지만, 빛을 선택할 수는 있다.

소소한 일상이 예술이다

10년 만에 다시 그림을 그리면서 몇 년 동안 그려 온 그림을 보니 공통된 주제가 보였다. 작고 따뜻한 순간들, 찰나의 아름다움, 소소한 행복. 내가 그리고 싶은 건 '일상의 소중함과 아름다움'이었다.

세상을 바라보는 시선에 따라 전혀 다른 풍경이 펼쳐

진다. 설거지하면서도 청소하면서도 눈앞의 일에 온 마음을 다한다면 그 순간이 예술이 된다.

일상의 경이로움을 발견하는 것이야말로 삶을 반짝이게 만드는 가장 확실한 방법이 아닐까. 파랑새는 멀리 있는 게 아니라, 내 안에 있다. 진짜 내 안에 있다.

사랑은 나에게서 시작된다

《내가 확실히 아는 것들》 오프라 윈프리 지음, 송연수 옮김 / 북하우스

 어릴 때 부모님이 더 안아 주고 챙겨 줬더라면, 친구가 내 마음을 더 알아줬다면, 연인이 나를 더 사랑해 줬다면…. 이런 생각, 안 해본 사람이 있을까. 하지만 이미 생겨 버린 빈자리를 채울 수 있는 건 나 자신뿐이다.

 "사랑은 나 자신으로부터 시작된다."

 《내가 확실히 아는 것들》의 오프라 윈프리의 말이다.

 바닥난 우물에서는 물을 퍼낼 수 없다. 내 마음이 텅 비어 있다면 그 누구에게도 사랑을 줄 수 없다. 그렇다면 텅 빈 마음의 우물은 어떻게 다시 채울까? 오프라의 지혜를 빌려 세 가지 방법을 나눠 본다.

 첫째, 듣고 싶던 말을 스스로에게 해 준다.

 "넌 지금도 충분히 잘하고 있어! 조금 쉬어도 괜찮아!"

 우리가 원하는 위로와 격려를 나에게 먼저 건네는 거다.

둘째, 내 시간을 소중히 여긴다. 시간은 내가 무엇을 담느냐에 따라 빛나기도, 사라지기도 한다. 잠깐의 여유를 내어 내 마음을 채우는 일에 써보자.

셋째, 새로운 경험을 해 본다. 꼭 엄청난 도전이 아니어도 상관없다. 안 가본 길로 산책하기, 새로운 음식 먹어 보기, 평소 안 듣던 노래 듣기 등도 좋겠다. 집안도 창문을 열고 자주 환기를 해야 공기가 순환된다. 일상도 환기가 필요하다. 일상 속에 신선한 바람을 불어넣어 주자.

감사는 사랑의 심장

내가 생각하는, 마음의 우물을 채울 때 꼭 넣어야 하는 마지막 한 방울은 바로 '감사'다. 사람은 심장이 뛰어야 살 수 있듯, 사랑도 감사 없이는 완성되지 않는다.

세상에 당연한 건 아무것도 없다. 아침에 눈을 뜨고 일어나 밥을 먹고 화장실을 갈 수 있는 건 내 몸이 나를 위해 수많은 일을 하고 있기 때문이다. 하루를 무사히 보내고 편안히 침대에 몸을 누이기까지 보이지 않는 은총과 손길이 가득하다. 내게 주어진 것을 감사하고 표현할수록 사랑이 차오른다. 물론 힘들 때 "감사합니다!" 외치는 게 쉬운 일은 아니다. 눈 씻고 봐도 감사할 게 없다고 절망할 수도 있다. 하지만 오프라는 말한다.

"힘든 시간도 언젠가는 당신에게 선물이 될 거예요. 지금은 안 보여도, 그 경험이 당신을 더 단단하게 만들어 줄 거예요"

아모르파티

한때 가수 김연자 님의 〈아모르 파티〉가 인기를 끌었다. 노래 제목의 뜻이 궁금해 찾아보니 철학자 니체가 한 말이었다. 소리 내어 읽어 보았다.

> 아모르 파티(amor fati/운명을 사랑하라)
> 있는 그대로 외에 아무것도 바라지 않는다.
> 미래에도, 과거에도, 영원히.
> 필연적인 일을 단지 견디기만 하는 것이 아니라, 사랑하는 것이다. 그것도 힘껏 사랑하는 것이다.
> – 프리드리히 니체

마음이 일렁였다. 활자가 피부에 닿는 것처럼 선명하게 와 닿았다. 세상에, 있는 그대로 외에 아무것도 바라지 않는다니. 견디는 것이 아니라 사랑한다니, 그것도 힘껏 사랑한다니. 이거야말로 우리가 선택할 수 있는 가장 능동적이고 적극적인 사랑의 태도가 아닐까.

사랑은 감사를 먹고 자란다. 감사와 사랑으로 채워진 내 안의 우물이 넘쳐흘러서 누군가의 마음에 스며 또 다른 사랑의 씨앗이 되기를 소망해 본다.

어린아이의 눈으로
세상 바라보기

《내 영혼이 따뜻했던 날들》 포리스트 카터 지음, 조경숙 옮김 / 아름드리미디어

어느 한적한 길을 걷다가 맨드라미를 보았다. 순간 발걸음이 멈춰 졌다. 맨드라미는 참 독특하게 생겼다. 선명한 자줏빛의 꽃 모양은 구불구불 뇌처럼 생겼고, 부드러운 솜사탕 같기도 하다. 꽃을 거꾸로 보면 폭신폭신한 벨벳 드레스를 닮았다. 꼭 어릴 때 보던 맨드라미 같다.

맨드라미는 내게 동심을 깨우는 점화장치다. 평소에는 까마득히 잊고 있지만, 점화장치를 누르면 순식간에 어린 6살 과거로 타임슬립 한다. 좁은 골목길을 따라 집으로 가는 담벼락에 핀 맨드라미가 손짓한다. 집 근처 소가 풀을 뜯어먹는 언덕을 오르내리며 하루 종일 뛰어놀고 언덕 너머 끝없이 펼쳐진 동천강에서 물놀이하던 풍경이 줄지어 따라온다.

《내 영혼이 따뜻했던 날들》의 주인공 '작은 나무'는 자

연 속에서 자랐다. 작은 나무를 사랑으로 기른 할아버지, 할머니와 숲속에서 사는 삶은 소박하면서도 놀라울 만큼 풍요롭다. 강물에 발을 담그고, 바람에 실려 오는 냄새를 맡고, 자연의 속삭임에 귀를 기울이며 산다.

나도 아이였을 때는 작은 나무처럼 눈앞에 재밋거리를 찾아다니며 눈이 반짝였다. 하늘을 보며 구름 위에서 폴짝 뛰어다니는 상상을 하고 개구리 울음소리에 귀 기울이며 신기해했다.

그런데 언제부터였을까? 그런 사소한 감탄을 잊고 살게 된 것이. 어른이 되면서 그런 감각이 무뎌졌다. "아, 귀찮아. 힘들어. 바빠." 이런 말이 입버릇처럼 나오면서, 마음도 덩달아 늙어 버렸나 보다.

가장 뛰어난 시인은 내면의 어린아이다

나이가 들수록 실용적이고 효율적인 것들을 따지며 살게 된다. 편리하고 빠른 게 최선이고, 새로운 것보다는 익숙한 걸 선택한다. 그러는 동안 놀라움을 잃어 간다. "와!"하고 감탄하는 대신, "그래서 뭐? 굳이 뭘 해."라며 시큰둥해진다.

작은 나무는 다르다. 할아버지와 함께 숲속에서 사냥을 배우고 할머니에게서 글을 배운다. 그 과정에서 그는 자유와 책임, 사랑과 슬픔을 배운다. 그리고 이 모든 것이 작은 나무가 삶을 더 온전히 살아가는 힘이 된다. 자연은 모든 생명을 품으며 사랑을 준다. 나에게도 어릴 때 쏘다녔던 강가와 들판이 그런 힘을 주었다.

"가장 뛰어난 시인은 내면의 어린아이다"
– 스티븐 나크노마비치

어린이는 어른이 생각하는 것보다 세심하고 깊이 느끼는 존재임을 어른이 된 나는 자주 잊어버린다. 아이는 앞으로 배울 게 태산인 부족하고 까마득한 꼬마가 아닌데. 뱃속이 몽글거리는 섬세한 감정, 내 몸을 뚫고 나오는 낯선 감각을 자그마한 머리로 표현하는 게 어려울 뿐 자연과 교감할 수 있는 영혼이 맑은 존재들인데 말이다.

잠자고 있는 마음속 아이를 깨워라
"내 영혼이 따뜻했던 날들, 그 감각을 잃지 마라."
포리스트 카터가 《내 영혼이 따뜻했던 날들》을 통해 내게 전한 메시지다.
작은 나무와 6살 어린 내가 교감하고 연결되었던 세상을 떠올려 본다. 우리는 여전히 순수한 감동을 느낄 수 있다. 다만 너무 오랫동안 바쁘게 살다 보니 그 감각이 잠들어 있을 뿐이다.

지금 삶이 무료하고 심드렁하다면 자연으로 나가자. 자연은 언제나 '동심'을 깨울 준비가 되어 있다. 봄에 틔우는 작은 새싹, 창문 틈으로 스며드는 햇살 한 줌, 흙냄새 가득한 바람 한 줄기. 그런 작은 순간들이 우리를 생생하게 살아 있게 만든다.

잠깐 걸음을 멈추고 주위를 둘러보자. 어린아이의 눈으로 세상을 느껴 보자. 그렇게만 해도, 우리의 영혼은 다시 따뜻해질 테니.

늦복의 씨앗을 심어요

《나는 참 늦복 터졌다》 박덕성 구술, 이은영 글, 김용택 엮음 / 푸른숲

박덕성 시어머니와 이은영 며느리가 함께한 이야기를 아들 김용택 시인이 엮은 《나는 참 늦복 터졌다》는 늦은 나이에도 새로운 열정을 발견하고 최선을 다해 삶을 이어가는 사람들의 이야기다. 책을 읽는 내내 친정 아빠가 떠올랐다. 평생 노동자로 일하시고 퇴직하고도 텃밭을 일구며 정정하셨던 분이 이제 무릎이 아프고 걸음도 느려지시니, 언제까지 밭일을 할 수 있을지 알 수 없다. 부모님은 어느새 연로해졌고, 나는 중년에 접어들었다. 결국 나도 언젠가 노년을 맞이하게 될 텐데, 그 시간이 어떨지 두렵기도 하다.

바늘 끝에서 피어나는 희망

몸이 아파 전주의 병원에 입원한 김용택의 어머니는 하루하루가 고통스럽다. 아픈 몸과 싸우며 긴 하루를 견딘

다. 며느리는 어머니에게 심심할 때 소일거리로 해 보라며 두루마리 천과 바느질감을 안겨 주었다. 병문안을 올 때마다 한글도 알려 드리기 시작했다.

그리고 시인의 아내답게 어머니의 말에서 시를 뽑아냈다. 어머니가 말로 하면 며느리가 글로 쓰고, 그 글을 어머니한테 따라 쓰게 했다. 아파 죽겠는데 무슨 놈의 바느질에 글이냐, 타박을 하면서도 시어머니의 하루는 점점 바빠졌다. 한낮에도 잠만 자고 무기력하게 누워있던 분이 딸, 며느리, 손주 준다며 보자기며 이불, 손수건을 만들며 손을 부지런히 움직이신다. "이거 완성해야 하니 죽지도 못하겠다."며 농도 던지셨다.

먹고 사는 게 결코 쉽지 않았던 우리 부모 세대의 이야기는 모두 인간극장이고, 책으로 엮으면 몇 권씩은 족히 나올 삶이다. 그 혹독한 세월을 살아 낸 어른들의 늙고 병든 모습은 애닯기만 하다.

끝나지 않는 인생, 늦복의 씨앗

아프고 싶은 사람 그 누가 있겠냐만 노년에 결국 사람은 모두 아프고 병든다. 그 시기와 기간이 다를 뿐이다. 나의 말년을 상상해 본다. 몸이 아파 한없이 누워있게 된다면 얼마나 힘들까. 그때 '하고 싶은 무언가'조차 없다면, 언제

끝날지 모를 시간의 굴레에 갇혀 하루하루를 버틴다면 얼마나 고통스러울까.

《나는 참 늦복 터졌다》에서 보여준 '작은 시작'은 새롭게 삶을 열 수 있는 단서를 준다. 나이가 들어 몸이 아파할 수 있는 일이 줄어들어도, 마음 한구석에 삶의 의미가 되어 줄 '무언가'를 붙잡을 수 있다면 우리는 아침을 기다릴 이유를 만들 수 있다. '빨리 아침이 되었으면 좋겠다. 그걸 해야 하니까'라는 작은 동기가 천근만근인 몸을 일으킨다.

시어머니가 만든 색색의 보자기와 이불보를 보며 아빠의 텃밭이 떠올랐다. 아빠에게 텃밭은 시어머니의 바느질감이 아니었을까. 평생 다니던 회사 퇴직, 경비원 퇴직, 시니어 공공근로 퇴직, 세상의 모든 '일'에서 아웃당하고 찾아 주는 이 없지만, 당신 손에서 싹을 틔우고 자라난 생명이, 아빠에게는 다음 날 아침을 기다리는 이유가 되어 주지 않았을까.

삶이 이어지는 한, 우리는 무언가를 만들고 남길 수 있다. 우리의 부모가 그 길을 먼저 보여 주었듯, 우리도 아침을 기다릴 자신만의 의미를 만들어야 한다. 이 책은 죽을 때까지 '멈추지 않는 삶의 가능성'을 일깨워 주었다. 노년에도 새로운 복이 깃들 수 있음을 보여준 참 고마운 책이다.

밤톨 군이 태어나
셋이 되고

알밤 양이 태어나
넷이 되었다.

지금은 사춘기가 된
키 큰 밤톨 군과

춤과 그림을 좋아하는
알밤 양과 함께 살고 있다.

빛과 그림자
함께 춤추는 삶

《살며 사랑하며 배우며》 레오 버스카글리아 지음, 이은선 옮김 / 홍익피엔씨

어느 햇볕 좋은 봄날, 아침 운동을 하러 집 근처 공원에 도착했는데, 소나무 밭으로 향한 데크길에 길고양이 한 마리가 앉아 있었다. 녀석은 나와 눈이 마주쳐도 도망가지 않고 멀뚱멀뚱 바라보았다. 방해가 되지 않도록 조심스레 옆을 지나쳤다.

소나무 밭을 지나 모래밭 미끄럼틀을 끼고 돌면 나무로 만든 아치형 다리가 보인다. 둥근 다리 위에 잠시 멈춰서 공원을 내려다보았다. 햇살이 품은 고양이와 나무, 미끄럼틀, 벤치 등이 멋스러운 그림자를 만들고 바로 옆 학교 건물에 드리운 어두운 장막까지 어우러져 마치 한 폭의 그림처럼 평화로웠다.

문득 엉뚱한 상상이 스쳤다. 세상이 온통 빛으로만 가득하다면? 그림자가 없다면 세상은 어떤 모습일까? 너무 밝

아 눈조차 뜰 수 없을 것이고, '밝음'이라는 감각조차 사라질 것이다. 빛이 있어 그림자가 생기고, 그림자가 있어 빛이 드러난다. 이 조화로운 풍경의 절반은 바로 어두운 그림자 덕분이었다.

빛과 그림자 함께 춤추는 삶

《살며 사랑하며 배우며》의 레오 버스카글리아는 말한다.

"사랑이란 서로가 진짜 모습을 찾을 수 있도록 돕는 겁니다."

이 말은 어쩌면, 사랑하는 사람을 있는 그대로 이해하고 응원하라는 뜻이 아닐까. 단점까지도 품으며 말이다. 하지만 현실 속에서 우리는 타인을 너무 쉽게 판단하고, 내 감정마저 가볍게 넘긴다.

운동하면서 내려다보았던 공원 풍경처럼, 조화롭게 어우러졌던 빛과 그림자처럼, 사람도 단 하나의 면만 존재하지 않는다. 사랑하는 사람의 진짜 모습을 찾게 도와주고 싶다면, 먼저 내 안의 빛과 그림자부터 인정해야 한다. 기쁨뿐 아니라 슬픔도, 강함뿐 아니라 나약함도 외면하지 않고 사랑하는 마음, 그것이 서로의 참모습을 마주하고 살아가는 첫걸음이 아닐까.

오늘이라는 선 위를 살며 사랑하며 걷다

아이들은 하루가 다르게 자라고, 나는 점점 나이 들어간다. 부모님은 예전보다 쉽게 지치고 노쇠해진다. 변하지 않을 것 같던 일상이 소리 없이, 그러나 확실히 바뀌어 간다.

이런 변화도 결국 삶의 일부라는 걸 인정할 수밖에 없다. 그 변화 속에서 나는 오늘의 소중함을 배운다.

우리는 모두 자신만의 삶을 그려 나간다. 선이 비뚤어질 수도 있고, 색이 번질 수도 있다. 때론 망칠 것 같아 주춤거리기도 한다. 하지만 내가 직접 그리는 삶이기에, 그 자체로 의미 있다. 배우는 마음만 잃지 않는다면, 우리는 언제나 다시 시작할 수 있다.

그림자 덕분에 빛이 더 환한 것처럼, 오늘의 불완전함도 결국 내 삶을 더 깊고 아름답게 만들어 줄 것이다.

비워야 새로운 기운이 들어와요

《인생이 빛나는 정리의 마법》 곤도 마리에 지음, 홍성민 옮김 / 더난출판사

나만의 공간, 작은 변화로 시작하자

"나는 과연 나만의 공간을 갖고 있나?"

거실과 방들을 둘러봤다. 책장에는 아이들 책이 그득그득 꽂혀 있고 장난감 박스는 층층이 쌓여있다. 바닥에는 학습지, 색연필이 굴러다녔다. 눈 씻고 봐도 내 공간이라고 할 수 있는 곳은 없었다. 씁쓸했다. 육아 10년, 어느새 집 안에서 '엄마'라는 이름만 남기고 다른 나는 사라져 버렸구나. 아이 중심으로 돌아가는 일상에서 내 취향을 담아둘 자리 하나 없구나.

《인생이 빛나는 정리의 마법》 곤도 마리에는 '설렘'을 기준으로 정리를 하라고 말한다. 단순히 수납을 잘하는 게 아니라, 내 삶을 진짜 행복하게 만드는 물건만 남기라는 뜻이다. 그런데 내가 설렘을 느낄 만한 공간이 하나도 없었다.

주방에 오래 머문다고 해서 그곳이 내 공간은 아니었다.

작은 결심을 했다. 내 공간을 하나 만들기로. 아들이 중학생이 되어 방을 만들어 주며 거실 구석에 내 책상을 놓았다. 좋아하는 필기구와 조명도 올려놓았다. 그리고 선언했다.

"이곳은 엄마 자리야."

처음엔 아이들이 신기한 듯 기웃거렸다. "엄마 뭐 해?" "엄마 공부해?" 그렇게 묻던 아이들은 점점 내 자리를 당연하게 여기기 시작했다. 내 취향이 반영된 작은 공간 하나가 생기니, 매일 아침 설레는 마음으로 그 앞에 앉게 되었다.

채우지 말고 비우며 살기

이사를 계기로 바쁘다고 미뤘던 정리를 단행했다. 옷장을 열어 보니 몇 번 입지 않는 옷들이 바글바글 모여 있다. 곤도 마리에의 코칭대로 옷을 산더미처럼 쌓아놓고 "이거 정말 나한테 설렘을 주나?" 느껴 보았다. 생각보다 설렘을 주는 옷이 많지 않았다. 벽장마다 가득한 책들, 아이들 유치원 다닐 때 쓴 학습장, 만들기, 교구, 게임기들을 싸악 털어냈다. 타인의 시선, 내 안의 허영과 욕심도 함께 비웠다. 소비의 기준도 다시 세웠다. 이제는 '진짜 필요한 것'에만 돈과 마음을 쓰기로 했다. 남들이 좋다고 하는 게 아니라, 나를 정말 행복하게 하는 것들에.

정리는 삶을 빛나게 하는 마법

정리는 내 존재를 제대로 바라보고 아낄 기회다. 나에게 꼭 맞는 물건들로 채워진 공간에서, 매일 조금 더 설레고 조금 더 나다워질 수 있다.

며칠 전, 알밤이가 학교에서 돌아올 때 책상 앞에 앉아 열심히 컴퓨터로 글을 쓰고 있었다. 머리를 싸매며 키보드를 두드리는 나를 보고 물었다.

"엄마, 뭐해?"

"글쓰기 과제"

"엄마도 숙제하는구나! 나랑 똑같네."

그 말이 새삼스레 기뻤다. 이제 아이들에게 나는 '자신만의 시간과 일이 있는 사람'으로 비치고 있구나.

내 책상 모퉁이를 조용히 쓸고 닦는다. 작고 단단한 나만의 자리를 지키는 이 시간이, 어쩌면 내 인생의 다음 장을 여는 시작일지도 모른다. 비록 느릴지라도, 나답게 익어가며 오늘이라는 가장 젊은 날을 사랑하며 살고 싶다.

그리고 앞으로 펼쳐질 인생 2막도 기꺼이 즐겨 보려 한다.

에필로그

마흔 이후, 다시 쓰는 나의 이야기

"직업이 뭐예요?"

"전업주부요."

어느새 익숙해진 대답이었다.

20대엔 만화가로 활동했지만, 30대엔 육아에 모든 시간을 쏟아부었다. 10년을 오롯이 아이에게 집중하고 나니, 어느새 40대. 세상은 디지털로 급변했고, 내 모습은 평범한 주부에 가까워져 있었다. 누군가 직업을 물으면 목소리는 점점 작아졌고, 그저 '주부요'라고 대답하는 게 편했다.

영원히 아기일 줄만 알았던 알밤토리가 자라면서, 오랫동안 미뤄왔던 질문이 내게로 돌아왔다.

"다시 그림을 그릴 수 있을까? 아니, 나는 다시 그림을 그리고 싶은 걸까?"

20대에 찐하게 그림을 그려 봤으니, 다른 길도 가 보고 싶었다. 여기저기 기웃거리며 고민했지만, 결국 깨달은 건 하나였다. 그림을 빼고는 내 인생에 남는 게 별로 없다는 것.

'그래, 다시 그림 작가로 살아 보자.'

결심은 했지만, 걱정은 더 많아졌다.

'나이도 먹고 손도 굳고 머리도 굳었는데 내가 잘할 수 있을까?'

무엇부터 손대야 할지도 감도 잡히지 않았다. 그 두려움이 새벽잠을 깨우고, 책을 읽게 만들었다. 뭐가 될지 몰라도, 일단 닥치고 읽자. 마음이 끌리는 대로 읽고 실행해 보자.

그렇게 우연히, 혹은 운명처럼 내게 찾아온 책들은 방향을 잃은 나에게 다시 나아갈 힘을 주었다. 외롭던 시간엔 친구가 되어 주었고, 막막한 순간엔 등을 떠밀어 주었다.

그래서 생각했다.

'이 책들을 나만의 방식으로 기록해 보면 어떨까?'

읽고 써야 내 것이 된다는 책의 조언처럼, 나는 책을 읽고 만화로 그려 보기로 했다.

이 책에 소개된 책들은 모두, 마흔을 통과하는 나에게 건네진 귀한 선물 같은 책들이다. 책을 멀게 느끼는 누군가에겐 재미있게, 가볍게 읽히는 책이 되면 좋겠다. 책을 가까이 하고 싶지만 바쁜 일상에 망설이는 이들을 책과 이어 주는 징검다리가 된다면 더 바랄 게 없다.

그리고 나처럼 출산과 육아로 경력이 멈췄던 걸음을 다시 내딛고 싶은 분.

가슴 속 어딘가에 성장하고 싶은 불씨를 품고 있는 당신에게 이 책이 닿기를 바라며 독서로 당신만의 스토리를 차곡차곡 쌓아가길 응원한다.

이 책은, '경력단절 쭈구리'에서 조금씩 성장해가는 나의 40대 발걸음의 기록이다. 그리고 인생 2막, 50대를 조금 더 단단하게, 나답게 걸어가기 위한 따뜻한 셀프 응원이기도 하다.

마지막으로, 언제나 눈치 빠르게 먼저 나서서 가정을 챙기는 일돌 남편, 그리고 소중한 알밤 양과 밤톨 군에게 사랑을 전한다.

앞으로도 따로 또 같이, 서로의 동반자로 잘 살아가자.

Love You and Me!